숲을 웃다

숲을 웃다

류성후 시집 3

인간과문학사

시인의 말

시는 삶이다. 그냥 삶이 아니라 깊이 관찰된 삶이다. 뉘우치는 삶이고, 기뻐해 주는 삶이고, 아픔을 같이 하고픈 삶이다. 이러한 삶을 이야기해 본다. 시는 동행하자고 제안하는 삶이다. 랭보가 말한 바처럼 견자의 삶 곧, 미처 깨닫지 못한 삶을 깨우쳐 이러한 삶을 살아보자고 제안하는 것이다. 시는 짓누르고 짓밟혀도 다시 일어나는 풀과 같고, 꽃피우는 민들레와 같은 것이다. 이러한 소망을 안고 시를 써서 여기 모아 본다.

2024. 봄
류성후

차례

시인의 말

1
인생을 바라보다

비움 *12*
조약돌 *13*
돌탑의 언어 *14*
'괜찮아' 노래해 *16*
거미 철학 *18*
잠 *20*
달 가듯이 *21*
덜어 주면 *22*
함께 하면 *23*
동토의 영아嬰兒 *24*
동네 탁구 *26*
억새 *28*
아버지의 늦은 오후 *30*
어떤 감사 *32*
호박 *34*

2
자연을 노래하다

눈송이 *36*
벚꽃의 마음 *37*
백합白蛤 *38*
찔레꽃 *39*
가을 옥정호 *40*
아파트 꽃장수 *42*
연못 진흙 *43*
섬진강의 오월 *44*
강천剛泉 *46*
숲을 웃다 *48*
바다 거인의 전설 *50*
새만금의 품 *52*
빈 가슴 *54*

3
집을 돌아보다

할머니 손에 잡혀 온 봄나물 *56*
용담호의 망향 *57*
손자 사랑 *58*
향수 *60*
농협 직거래 장터 *61*
수선화를 보며 *62*
연리지 *63*
눈 내리는 밤 *64*
마을 *66*
임플란트 *68*
임을 따라 *69*
낙엽의 행복 *70*
결국 *71*
아버지와 자식 *72*
감나무의 아픔 *74*

4
삶을 보다

내 방에 들어오지 마 76
공원과 노인 78
꽃잎이 진다 79
장하다, 금메달 신재환 80
야생화 82
감 83
괜찮은 홍시 하나 얻기 힘드네 84
동행 86
풀꽃과의 대화 87
황새와 참새 88
김치의 독백 90
야쿠르트의 위로 92
꺼꾸리 93
한 해를 넘기며 94
기울이면 96

5
임을 기도하다

철쭉 98
만국기는 펄럭이는데 100
그믐달의 실책 101
삼월의 기도 102
복수초 104
섬진강 벚꽃길 106
매미 울음 108
독도의 기도 110
대추알 111

6
시로 세상을 보다

동학농민혁명 114
우금치 산새 울음 122
임진왜란 웅치 · 이치 전투 124
만인의총 132
남원을 소리하다 139

|평설| 새로운 삶을 응시하려 시를 살다 – 이동희(시인, 문학박사) 146

1
인생을 바라보다

비움

바람이 불어 온다
할 일 다 한 단풍잎 미련 없이 지는데
아직도 놓지 못하고
가을이 지나가도 떨어지지 않는 마른 이파리
산이 시끄럽도록 버석거린다

칠십 년 넘어 살아도 귀가 순하지 못하여
 이 이파리 언제 떨어진대
 저런 이파리는 빨리 떨어지지도 않아
저마다 한 마디씩 하며 모두 곁을 떠나는데

옛 버릇 떨구지 못하고
가지 끝에서 바스락거린다

곱디고운 단풍마저 떨어지는 이 가을에는
제 버릇 미련 없이 떨구어 내고
티 없는 가을 하늘에 홍시처럼
새 밥이나 되면서 살아야 할 텐데

조약돌

밤하늘에 유성이 길게 줄을 그으면
우쭐하던 커다란 바위엔 금이 가고
벼락 폭풍우 몰아치면
바위는 조각조각 굴러 내린다

잘 난 놈들끼리 쌈박질하고
산산이 부서진 돌들
온통 상처투성이
별 볼 일 없는 돌덩이
강물은 어루만져
묵주를 돌리듯 돌덩이를 기도한다

갈고 둥굴려 만든 돌덩이
저는 사라지고
모라고는 하나도 없는 작은 조약돌

모두 함께 모여
자갈자갈 햇볕을 어루만지며
사그락 사그락 하늘을 노래하면서
서로 어깨를 기대고 살아가고 있다

돌탑의 언어

산길에 조그마한 돌탑이 있다
그 안에 사리舍利도 없는데
남긴 사료史料도 없는데

누구나 탑을 쌓는다
떨리는 촛불 하나 파르르 밝히며
바람 휑하니 지나가는
돌탑을 쌓는다

석가모니, 집을 버리고 깨닫는 자
죽음 너머
말씀만큼이나 많은 사리

버리는 것이 사리가 되는데
깨달음의 경經이 사리되어 탑을 지키는데

이웃에 주는 국수 한 사리 있다면
이웃에 흘리는 눈물 한 사리 있다면
탑돌이 하며 기리는 탑이 되리

산길에 조그마한 돌탑
자신을 들여다 본다

'괜찮아' 노래해

거울 속에서
일곱 아이가 춤을 춘다
여덟 번째 아이는 춤을 못 춘다고
구석에 하얀 그림자로 앉아 있다

열 아이가 노래를 부른다
열한 번째 아이는 노래를 못한다고
땅거미 짙은 어둠으로 앉아 있다

거울 속에서
세 아이가 큐대를 잡고 담배를 꼬나물고 쓰리쿠션을 친다
맞은 당구공은 입을 굳게 다물고 굴러 간다
평생 발설하지 않을 것처럼

밤에 우는 새여도 나쁜 건 아니잖아
너의 그림을 그려 봐
큐대가 아니어도 괜찮아
너는 둥글잖아
너를 내 책상 위에 놓고 나에게 말한다

거울 속을 뒤돌아 걸어가 봐
황새는 긴 부리로, 참새는 짧은 부리로 살아가고
못생겨서 미안하다는 코미디언
그 사람 유명을
햇볕은 누구에게나 비추었지
다들 햇볕을 쪼아 먹고 살지
괜찮아, 그렇게
괜찮아, 그렇게 노래해 봐

거미 철학

그리는 것은 먹잇감이 아니다
빈 하늘을 응시하며 깊은 생각에 잠겨 삶을 그리며 길게 침묵한다
베드로성당의 미켈란젤로를 떠올리며
바람이며 날것이며 짐승의 움직임을 두드리며 마지막 생각을 그은다

하나의 가로줄만 세우면 그물의 절반은 완성한 것이나 마찬가지
지붕 처마 끝에서 나뭇가지까지의 연결 그것은 신의 선물이다
하루살이의 움직임, 파리 모기의 날갯짓, 매미의 음악성, 나비의 리듬감, 잠자리의 이미지를 상상하며 씨줄과 날줄로 시를 짠다

그래도 먹고는 살아야 신에 대한 책임을 다하는 것
나의 특기는 덫을 놓고 걸려들면 옭아 매기
거미줄을 바다에 쳐놓고 기다리는 어부는 나의 수제자
덫을 놓는다는 것은 기다림
노자의 무위자연을 묵상하며 하염없이 기다린다

이 약한 간지럼은 하루살이
찢어질 듯한 출렁임 뒤 고요함
다리로 줄을 당겨 주파수를 느낀다
이 짜릿한 저항의 파동
쾌지나칭칭나네
쏜살같이 달려가 소고재비 채상모 돌리듯 칭칭 묶어 개선장군처럼 돌아온다
나뭇잎은 깃발처럼 휘날리고 바람은 승리의 휘파람을 분다

교양을 쌓아야 품위가 있다
비 오는 날은 조용히 거미줄에 음표를 얹어놓고 음악을 듣는다
음표가 흩어져 노래가 사라질 때까지
나뭇잎에 걸터앉아 줄에서 떨려오는 안토니오 비발디의 사계를 감상한다

휴식 끝, 생활전선에 나선다
침묵의 암살자, 나의 사명을 잊지 않는다
나비 매미의 생명도 앗아야 한다
신이 살생하는 나에게 노하지 않는 이유를 나는 안다
성글게 그물을 짜 싹쓸이 하지 않기 때문이다

잠

논은 눈 속에서 긴 잠을 잔다
산도 다람쥐 품고 자고
사람도 따뜻한 방에서 굽은 등을 푼다

씩씩거렸던 아집 쏘아붙인 눈살
밤새워 벽을 허물고
제자리로 흥건히 풀어 놓는 잠을 잔다

잠은 신의 축복
천하장사 항우도 들어 올리지 못하는 천근의 무게
눈꺼풀을 내려 잠을 재운다

태양도 밤에는 아르바이트 세워 놓고
붉은 눈꺼풀 내리고 자는데

그림자도 자러 가서 없는 밤
세상을 풀어 놓는 시간
제자리로 돌아가는 복이 내린다
하루의 희년

달 가듯이

세상을
살다 보면
거센 파도 성난 물결

욕심이 커질수록 파도는 일파 만파

세상 욕
벗어 버리고
달가듯이 가보세

위에서
내려 보면
세상사 별거 아냐

멧새는 멧새대로 물새는 물새대로

작은 것
다투지 말고
달 가듯이 가보세

덜어 주면

세상사
안 어려워
덜어 주면 가득해져

최 부자, 류 부자 곳간 덜어 이웃 주듯 울 넘어 나눠 먹다 국경 넘어 나눠 먹네 국경없는 의사회, 유니세프, 해외 선교사 제 삶을 덜어 내어 황무지에 생명 피워 저 동네 아이들 한 달 만원 살아난다 자기 폼만 생각하는 외제차 덜어 내면 보험금 안 올라가 국산 소형 감사 빵빵 잇몸 없는 이빨이 그 어이 혼자 서리 자기 점포 손님 차면 남 점포로 덜어 주고 돈 되는 일 많아지면 덜어 주어 오복 튼튼

에헤라
덜어나 주자
너도 좋아 얼씨구

함께 하면

덩굴장미 모여 골목이 빨갛게 웃는다
동네 앞 접시꽃 모여 수다에 시끄럽고
개망초도 모여 하얀 바람을 흔든다

찔레꽃 한 송이 따로 피어 있으면
어머니 어디에 쉬어 계시랴
배꽃 한두 송이 따로 피어 있으면
달빛은 어디에 젖어 있으랴
촛불 한두 개 불 밝히고 있으면
함성은 어디에 숨어 있으랴

작은 것들
함께 하면 아름다운 반란

벚꽃 모여 터져
쉬는 시간 교실의 즐거운 시끄러움
외로운 가창오리 모여 날아
노을은 퇴직자의 가슴 붉은 지루박
황제 펭귄 모여 돌며 허들링
남극의 겨울은 성자의 계절이 된다

동토의 영아嬰兒

에덴의 동쪽 카인의 후예가 살아
동토에 갇힌 주검
울음마저 얼어버린다

천사가 네모의 가슴을 열고 있지만
도피처마저 찾지 않는
차가운 손에 나뒹군 어둠의 아들
영아의 잿빛 문장은 마침표를 찍는다

둘이 한 몸 되라 온 땅에 충만하라 하지만
때 이른 한 몸 때늦은 한숨
맺히자마자 떨어져 버린 감또개처럼
영아의 숨소리는 동토에 묻혀버린다

쥐도 제 새끼를 키워내는데
어미이기에는 너무나도 차가워

받아 주는 바다가 있다면
사라질 동토일 텐데
소망은 너무나 머언 하늘의 별

이 시간에도 또다시
별똥별은 어둠 속에 하얀 선을 긋는가

동네 탁구

옆구리 찌르기, 태클 걸기, 비켜치기
살려내기가 그리 만만치 않지만
뭐든 정의롭다면 좋다
그래도 규칙은 있어 부정 없는 사회를 지향한다

아중현대아파트 탁구회
90대부터 50대까지
할아버지 할머니 아줌마 아저씨

이기는 게 다가 아니다.
못 치는 사람과도
잘 치는 사람과도
안 죽고 오래 오래 치는 것이 건강이다

방심하면
'어어' 소리가 아웃이 되고
'아야' 소리가 네트에 걸려 아프다

때로는
내가 잘 치는 것이 다가 아니다

못 치든 잘 치든
네가 안 죽고 오래 치는 것이 꽃이다

이 공 저 공 대비하면 내용이 있고
빨리 빨리 움직이면 몇 점은 낚을 수 있는데
'아이고' 소리는 탁구대 밑으로 기어 들어가고
'아~' 소리는 허공에서 하얗게 후회하는데
기똥차게 들어가면 기분이 벽을 타고 빙빙 돈다

동네 탁구
'허허, 그려 그려'
내가 좋고 임이 좋아
고집만 부리는 사람은 조금 멀어지지만
치다 보면 봄 같은 이웃이 된다

억새

계절을 견디며 건너온 하얀 그리움인가
청잣빛 바람에 향수 같은 손수건 흔들며
가을을 건너가는 손짓

기쁘면 허리가 휘도록 웃고
슬프면 땅까지 서걱거리는 울음 운다

치욕을 당해도
대가 강하지 못해
기가 세지 못해
큰소리치지 못하고
마냥 이리저리 흔들리는 눈물이지만

심지는 굳어 부러지지 않고
뽑히지 않는 의지가 있다
역린을 거스르면 베어버리는 까칠한 잎새

큰 뜻을 세워
온갖 끈기로 심지 올려
파란 하늘 아래 은빛 갈기 휘날리며

들을 지나
금빛 산기슭을 말 달린다

아버지의 늦은 오후

오징어 있어요
땅콩 있어요
계란 팔던 비둘기호는 사라지고

급행으로 다니던 기차
늙어서 낡아버려 완행으로 달린다
사람들 맞이하고 보내고 맞이하고
역 있는 곳이면 앉았다 가고
젊은 기차 오면 비켜 쉬었다 가고
곳곳이 닳고 헐고 검버섯이 피었다

예닐곱 칸 달고 힘차게 달리는 기차
칸들은 덜컥거리고
칸칸을 연결하는 관절은 삐거덕거리고
숨은 가쁜 쇳소리를 낸다

뒷간은 지린내가 나고
휴대폰 충전 프러그도 없는 아날로그
창가엔 바람이 쌕쌕거린다

비둘기 날아 간 곳으로 갈 때가 됐는데
기술이 좋아져서 고쳐 쓰면 쓸만하다
안 달리면 녹슬어버려
나름 자존감 높이 깃발을 달고
울컥거리는 몸으로
가쁜 숨을 몰아쉬며 노을 길을 간다

어떤 감사

바다는 종일 바닷물 치댄 후
바닷가에서 길게 면 가락을 만든다

밀물이 올 때
면 가락에 미네랄 자장을 부어
바닷가 펄 위에 잔뜩 올려놓는다

썰물이 나갈 땐
조금씩 서서히 알까듯이 물러간다

 너희들 먹어

짱뚱어는 물러간 바다를 향해
펄쩍펄쩍 뛰며
잘 먹겠다고
소리 없는 아우성을 지르고

게들은 부지런히 젓가락질 하다가
가끔 멀리 바다를 보고
고맙다고

두 손 번쩍 들었다 놨다 들었다 놨다
보이지 않는 깃발을 흔든다

호박

호박 같은 여자가
햇볕 가득 품은 호박을 안고
교통 신호를 기다리네

이웃을 만나 호박 같이 웃네
같이 웃어 모두 햇볕이 되네 그려

신호등에는
호박꽃이 피고 지고

길 가는 사람
차 속의 사람
호박같이 굴러 가네

거리엔 잘 익은 햇볕이
호박죽처럼 폭 퍼지네 그려

2
자연을 노래하다

눈송이

분분하게 날리는 나비
그의 영혼은 자유롭다
바람에 뜻 맡기고
허공을 날다가 아쉬움 하나도 없어
그저 그곳에 사분사분 내린다.

자리를 기웃거리지 않고
내 자리라 고집부리지 않고
나무 위, 밟지 않은 길, 허허한 벌판으로
바다 위에선 발자국도 없이 내린다

다만
고향 냄새 한 쟁반
순이의 체취 고봉 한 그릇
추억의 호수를 만들어 놓고는

상관없다는 듯
아무 일 없다는 듯
훌훌 날아가 버린다.

벚꽃의 마음

벚꽃이 화사하게 피어나면
마음은 불뚝 불뚝 튀어나와
소식 끊긴 지 까마득한 그녀에게
문득 전화를 한다

"여보세요, 누구세요, 누구세요"
"……"

하얗게 터질 것 같은 마음이
벚꽃 하얀 햇빛에 문들어지면
미쳐버리는데
환장해버리는데
누구 하나 소주 한 잔 하자 하면
마음을 놓아버리고 사랑할 수 있을 텐데

이름 불러
잡아 주는 이 허공이어서
벚꽃은 저리 바쁘게 빈 하늘을 걷는다

백합白蛤

섬 집 아기 달래주던
파도 소리
머금고

진흙 뻘
뒤척이며
하얀 꿈 키우더니

저 또한
백합百合이려니
바다 내음 그 향기

찔레꽃

화분에도 화단에도 꽃집에도 없는 꽃
산길에나 피는 꽃
어머니 장에 갔다 오는 길, 냇길에나 피는 꽃

보아도
꺾어가는 자 없는데
자존감은 강하여
작은 가시로 무장했다

길 가다 무심코 지나치는 찔레꽃 덩이
어머니 젖가슴 같은 덩이
벌 무리 찾아 와 헤집는 가슴

길가다 무심코 지나치는 찔레 열매
어머니 사랑 같은 빨간 열매
참새 뱁새들 놀다 배고프면 따먹는 사랑
해 넘기기 전 베풀자고 가슴에 꽂힌 사랑의 열매

가을 옥정호

앞뜰엔 모래알 재잘거리고
뒷산엔 단풍이 노래하는 곳
골골을 돌아 온 물빛 가득한 옥정호
켜켜이 이야기가 쌓여 있다

수몰민의 담배 연기 엉켜서 굳은
커다란 이무기가 꿈틀거리며
몸을 풀어 허물 벗던 옥정호
바위엔 허물이 층층이 붙어 있고
모래 언덕은 몸살 치던 물살로 층을 이룬다

천태산 데미샘에서 퐁퐁 나와
네 신선이 놀던 사선대 지나
흐름이 멈추어 선 옥정호

운서정 우국지사들의 토론은
아직도 호수 위에 반짝거리는데

가을이 깊이 빠져든 옥정호
몇 마리의 후학파 왜가리들 모여

사선대 신선경
운서정 국가론을
꿈쩍 않고 읽으며 수행하고 있다

언덕 위의 마을은
노란 모과 향을 피우고
붉어가는 감을 차려 놓고 가을 예배하는데

호수에는 흰 구름 한 점
가을이 흘러가고 있다

아파트 꽃장수

개나리가 노란 촛불을 달면
아파트에도 봄은 오는데

봄보다 먼저 온 꽃장수 봄 화분 한 트럭
사내의 시원한 말과 부인의 밝은 웃음
아파트 사람들의 부시시한 봄을 깨운다

꽃 화분 하나 사서 안고 가는 여인
봄 나비가 된다

베란다에 봄 화분 두어 개 놓으면 거실 가득
봄은 붉은 무도복을 입고 춤을 춘다

연못 진흙

연못 속의 진흙
온갖 세월 다 머금고 삭혀 낸 가슴

흙을 품은 물
물을 닮은 흙
상처 내지 않는 진흙
연 뿌리도 굵직하게 보듬고

미꾸라지 같은 놈 품고 살아
연잎에 빗물 또르르 미끄러지는데
진흙의 가슴도 봄 내내 설레다
연분홍 꽃으로 피어난다

연꽃에 앉은 부처의 미소
해탈한 진흙의 차진 향기

섬진강의 오월

섬진강 장군목에 오월이 오면
뻐꾹새는
그 질긴 뻐꾹새는 울음 태우고

찔레꽃 강물 따라 흘러
하얀 강물이 지면
찔레꽃 진한 향이 강을 뒤집어 놓는다

순창 동계 장군목의 요강바위 두꺼비 바위
미쳐서 들썩거리면
전설은 물 위에 떠

이야기 하얗게 부서져 흐르면
강은 물안개 피워 올려
고요히 잠재우지만

용이 하늘 오르는 용궐산의 새들
그 새를 못 참아
골짜기 골짜기 울어 대는데

긴 징검다리 위

몇 사람 폴짝폴짝 시가 된다

강천剛泉

삼인비 혼령인 양
검은 물잠자리 세 마리
순창 강천산 계곡
절의탑 기개 얹어 물 흐르는

유월의 맑은 하늘
따가운 햇빛이 내리 쬐면
아기 단풍 푸른 잎들은
길 위에 새 발자국 그늘 짓는데

그늘진 마음 계곡물로 맑히는 길
사람사람 맨발 수행하며 길을 묻는다

계곡 따라 올라 강천사
범종 소리 설법을 하면
바위들은 손을 모아 하늘을 빈다

하늘이 진리 내려 산을 적시면
굳센 바위들은
물을 내어 강천剛泉

바위 그늘 아래 푸른 이끼 샘물 공양 받고
숲 속 곰취는 댕그랑 댕그랑 풍경 소리
강천은 경을 염불하며 흘러 세속을 씻는다

숲을 웃다

숲은 서로 부둥켜 안고 산다

발 위에 발을 걸치고 팔 위에 팔을 걸치고
서로의 훈김으로 꽃을 피우고
거센 바람에 넘어지지 말자 서로 엉켜 붙잡고
손에 손잡고 물을 건너간다

하늘을 조금씩 양보하면서
밥을 만들고 반찬을 만들어 먹고 살아간다

행여 총 맞은 전우가 있으면 부추겨 어깨에 둘러메지만
  나는 틀렸어 놓고 가
  내 장기는 모두 숲에 기증해 줘
그만 손을 뚝 떨어뜨리면
숲은 거룩한 뜻을 새기며
골짜기 길게 수자폰처럼 운다

젊은 나무는 크느라 자꾸 옷을 벗고
짙은 눈섶 내리고 배시시 웃으며 엉덩이 삐쭉빼쭉 자란다
늙은 나무는 세상을 안다

가지 한둘쯤은 숲을 위해 내어준다
어깨 빠진 곳에 구멍을 만들어 주기도 하고
심지어 가슴을 텅 비워 내어 주기도 한다

나무는 고무줄 새총처럼 두 가지로 뻗어 오르지만
새들은 무서워하지 않는다
나무들의 인자함을 알기 때문이다
산비둘기 구국구국 통성기도 들어주고
뻐꾸기 울음도 참아주고
직박구리 쇠꼬챙이 울음도 나뭇가지에 풀어놓고
소쩍새 밤새우는 외로움도 나누어 준다

숲은 모여 서로 넘어지지 말며 살자고
뿌리에 뿌리를, 어깨에 어깨를 짜고
기마전처럼 힘차게 노래 부르며
앞으로 옆으로 전진한다

바다 거인의 전설

옛날 옛날 호랑이 담배 먹던 시절
세상은 안개만 자욱한데
하눌님은 물과 흙으로 사람을 만들고
세상을 다스리라 면서
땅, 하늘, 바다라 부르는 세 거인을 보냈어

땅 거인은 흙 나무 꽃 강을 가꾸고
하늘 거인은 구름 바람 햇빛 눈비를 돌봐

바다 거인은 바다를 돌보는데
바다를 흔들어 파도가 치게 하고
이쪽 저쪽으로 기울여 밀물 썰물을 만들고
긴 쇠막대로 바다를 휘휘 저어
물이 제주도에서 미국을 찍고
다시 제주도로 휘돌게 하는 거 있지

하눌님은 사람한테 세 말씀을 주었어
　서로 사랑하라
　욕심이 잉태하면 사망에 이르리라
　주는 대로 받으리라

그리고 하는 말이 세 거인이 죽으면 지구도 끝난다고 말해

그런데도 사람들은 점점 마음이 새카매지고
눈에 핏기가 돌고 욕심이 가득 차는 거야
하눌님은 때때로 선지자를 보내 욕심을 버리라 외치지만
성을 쌓고 깃발을 꽂고 당파싸움을 하면서
서로 이기려고 독을 뿜어대는 거야

땅 거인은 독충에 쏘이고
하늘 거인은 독가스에 구멍이 나지
곧 죽게 생겼어

바다는 최후의 성이야
거인은 소금을 풀어 바다를 지켜내지만
사람들은 쓰레기, 미세분말, 핵 세슘 등을 계속 풀어대
바다 거인은 고래 같은 독을 토해내면서도
태평양이 오염으로 점점 뜨거워지자
빙하를 넣고 휘휘 젓고 후후 불면서 차갑게 식히는데
별들은 수군거리지
바다 거인이 죽으면 지구는 불에 타 종말이 올 거야

새만금의 품

바위에 부딪혀 파랗게 멍들고
온 몸 뒤척이며 지평선을 적셔
흙탕물로 뒹굴어서 바다에 와
밀려온 수평선 가슴을 만나
질퍽하게 퍼질러 놓은 갯벌

조상이 이주해온 뱃길 만경강 삼한의 성지
팔남매 키워내던 갯벌 아낙의 성전
여신처럼 펄을 지켜 온
백합이 떠나버린 새만금은 폐허가 된 신전인가

그리 만만히 보이더냐
하루아침에 세계 잼버리대회 치르겠더냐
나랏님 와서 예를 갖추고
온갖 정성 기울여도 울적할 텐데

하늘은 하염없이 비를 내린다
뜨거운 잇빨을 이글거린다

그대 스카우트여 도망가지 마라

어디 한 번 도전해 봐라 질펀한 갯벌을
어디 한 번 넘어 보아라 뜨거운 햇볕을
어디 한 번 개척해 봐라 갯냄새 웅덩이를
어디 한 번 헤쳐가 보아라
썩어진 새알들 곰팡이 슨 갈대숲을

수평선 향한 강의 망향은 예서 목이 잘리고
목줄 댄 삶이 소망을 놓아버려
빈 노래만 울컥이는 폐허가 된 신전

전설의 기둥 앞에서
두 손 모아 하늘을 우러른 후
나래를 펴고 푸른 하늘을 날아 보아라
새만금은 넓은 품을 내어줄 터이다

빈 가슴

꽃잎 날리는 봄이면
먼 허공을 바라보면서
온 봄을 몸살한다

꽃잎 따라
외로움도
뒤척이다가 흩날리는데

차라리
꽃잎과 하나 되어
흩날려 떠나가면 미련도 없으련만

뭐가 그리 비어있는지
자꾸 설익은 바람을 뒤척인다

막걸리나 한 사발 들이켜야
어지러운 칠판을 지워버릴 수 있을까

홀로 하늘에 길을 내고 가는 낮달처럼
괜히 휘바람만 불면서 외길을 간다

3
집을 돌아보다

할머니 손에 잡혀 온 봄나물

골목 입구 나물장수 할머니
봄을 캐서 나왔다
가던 길 돌려 봄 구경 간다

쑥, 머위, 돌미나리, 돌나물
골목 바람 차가워
할머니는 두터운 겨울옷에 장갑을 끼고
겨울 이긴 초봄을 팔고 있다

얼음 한 덩이 녹여 먹고
흰 눈 한 평 살라먹고
북극에서 온 바람까지 맞섰던 봄나물

외손녀 함께 사는
밤마다
엄마 생각에 훌쩍거리는 외손녀 함께 사는
할머니 손에 붙잡혀 골목에 나왔다

용담호의 망향

골짜기엔 산새가 쪼은 물이 흐르고
계곡은 바위의 전설을 실어 내린다.

물 따라 흐른 이야기 용담호에 쌓이는데
고향의 소 울음소리, 아이들 노는 소리
농부의 기다란 논두렁 이야기도
호수에 잠기어 물결 따라 일렁인다.

연자방아 멈춘 망향대에 오르니
호수 비탈에는 늙은 농부의 주름살이 붙어 있고
산비탈 떡갈나무는
겨울바람에 실향의 노래를 부르는데

호숫가에 앉은 왜가리
물속을 응시하며
고향 가는 길을 묻는다

손자 사랑

백신을 맞고 또 맞고 네 번이나 맞았다
걸렸던 사람도 또 걸린다는 코로나
잘 버텨 왔는데

콧물이 났다 기침이 났다 안 났다
뼈마디가 저리다 기운이 없다 있다
몸살감기일 거라 스스로 위로하면서
이비인후과에 가보니 딱 걸렸다

처방전 받아 약국 가서 본인이라 하니
결재가 끝나자마자 문 밖에서 기다리란다
머뭇거리자 밖으로 나가라고 천둥을 친다
동백꽃이 송두리째 땅으로 뚝 떨어지듯
온 몸이 문 밖으로 송두리째 나가 떨어졌다
코로나보다 더 아프게 떨어졌다

쓸쓸한 낙화 동백꽃은 바람에 굴러가다
방에 칩거하는데
방문 밖 칭얼대는 손자 목소리에
땅거미가 짙어 온다

옮았나
코로나보다 더 아프게 저려 온다

향수

서릿발
뿌리 뜰까
고무신발 밟아 주어
푸르른 보리 줄기 파도처럼 물결친데
사라진
종다리 울음 어디 가고 비었나

유월달
보리망종
익어 가는 보리 이삭
꺼끄란 껍데기가 목 찔러 따가웠던
보리밭
일하시던 님 어디 가고 나 홀로

농협 직거래 장터

농협 직거래 장터가 열린다
각 시군 특산물 저 잘 났다 뽐낸다

남원 전통할매김부각은 품위 있게 앉아 있고
지평선 평야 햅쌀 포대 듬직하게 자리 잡고
오미자, 젓갈은 고향 아주머니 앞에
신맛, 짠 내 숨기고 다소곳이 앉아 있다
모습만 보아도 고향 트로트에 젖는다

어떤 할머니 마트보다 비싸다고 툴툴거리는데
고향 본 값 만 원
고향 내음 이만 원
고향 사람에게 준 삶의 용기 삼만 원

따져보니 수지가 맞아서
무겁게 가져다 놓은 고향 산천
집안에서 어머니의 땀 냄새를 풍긴다

수선화를 보며

그 옛날
개울가에
오두막집 작은 화단

물소리 벗을 삼아
불러나온
수선화

지금도
사립문 열면
그 아이가 있을까

연리지

딸이 내려온다고, 손님이 온다고
마중 나간 기차역
아내가 서울 가면서
택시 타고 올 테니 나오지 마

긴 세월 곁에서 서성거린 아내
부딪힐 일도 많아 상처는 깊어진다

부부는 일심동체
나는 나, 아내는 아내
둘 사이에서 파닥거린 상처들

오랜 세월은
바람에 흔들려 얼룩진 상처
싸매 둘이 하나 된 연리지
또 다른 나

나를 모셔오려고
나는 기차역으로 마중 나간다

눈 내리는 밤

대숲에 눈이 내리고
굴뚝엔 잿빛 연기 하늘을 풀어낸다

청솔가지 군불 연기에
홀어머니 눈물 흐르고

아버지 남겨 놓은 자식들
북적거리는 방
눈보라 치는 밤이면
문풍지 바람을 덮고 자던 어머니

옆집 배나무 고목 구멍 속
우우웅거리는 소리
이불 속을 파고 드는데
어머니는 문 옆에 누워 미가엘 천사가 된다

세월이 허허 헛웃음치며 날아가서
이제는 어머니
냇물 위에 떨어지는 눈처럼 흘러서 가고
육남매

날리는 눈처럼 흩어져 살아가는데
이 밤 나홀로 창밖을 떠돈다

마을

마을이 좋아 마을에 모여 산다
참새도
까치도
붉은머리오목눈이도 마을에 산다

가끔은
고라니도 내려와 맛을 보고
매도 빙빙 둘러본다
소쩍새도 밤에 내려와 울어보고
멧돼지도 몰래 내려와 땅을 뒤집어 본다

어떻게 사는지
살만한 곳인지 궁금한가 보다
알고 보면 이사 오고 싶은 것들이 많다

마을이 짱이다

앞 시내는 들을 지나며 노부모
아픈 마음 얼러주고
뒷산은 마을을 품어주며 집집을

굽어 살피고 있다

동구 밖 느티나무
천 개의 눈 깜박이며 마을을 지키고 있고
만 개의 창을 치켜들고 들판 지키고 있다

임플란트

이뿌리 사이 염증 오랜 세월
제 이빨보다 좋은 게 없다 하나
아픔이 반복한다

차라리 뽑고 심어야지
빼낸 곳 잇몸으론 씹기에 아프다

생각나는 어머니의 합죽한 입
버티던 송곳니 하나
그마저 빠지고 어찌 씹으셨을까

  틀니 하면 아프다면서?
  틀니 얼마나 가냐?

오십에 홀로 되어 견뎌온 온갖 풍상이
잇몸 식사의 아픔을 견디었나 보다

이제 아무 소용도 없는데
치과에 가보자고 말하지 않았던 나
조용히 눈을 감아도
눈 가에 흘러나오는 후회

임을 따라

하늘 가
구름 위에
달 하나 걸어놓고

　세상 일 비켜 놓고 술잔을 마주 들고 내려오는 저 달을 한 잔 술에 가득 띄워 잔 기울이며 임 계신 곳 바라보네 세월은 칠십 넘어 이 세상 덜어가는데 저 달 따라 미련 없이 달빛 되어 흘러가면 찔레꽃 송이송이 만날 수 있을거나 그리워 손등 적시며 술잔을 기울이다가

불어 온
바람에 실려
향기 따라 가리라

낙엽의 행복

울 엄마 가신 지 오래
꿈속마저 보이지 않는데
낙엽은 떨어져
엄마 발 베고 누워 있어 좋겠다

못해 준 틀니도 해주고 싶어
자주 못해 준 외식도 많이 시켜 드리고 싶어
울 엄마 불러도 메아리만 산 너머 오는데
낙엽은 속에 감춰둔 햇볕 다 빼어
바람, 번개, 비, 새 소리 다 빼어
엄마 드려 좋겠다

울 엄마 만나 함께 살고파
그리움이 안개처럼 스며드는데
낙엽은 제 몸 다 풀어
엄마 품속에 들어가 함께 살아 좋겠다

결국

징조는 이미 젊은 날 식탁에서 보였다
  엄마, 이거 이상해
  그래, 그거 아빠 줘

아내는 제 속으로 난 자식만 챙긴다
퇴직한 남편이 냉장고 문을 열면
  이거 아들 오면 줄 거야
  저건 딸 오면 줄 거야
데려온 자식은 유효기간 지난 풍년제과 초코렛을 집어 든다

아내는 딸, 아들, 개하고 논다
남편은 한 쪽 구석에 앉아 리모콘만 돌리다
그것마저 빼앗기면
아내 따라 드라마 보면서 눈물 찔끔 흘린다

결국 그렇게 됐다

아버지와 자식

바람의 후예
세상이 같지 않듯 바람이 달라
서로 이방인

행여 다가가 대어 보면
서로 톱니가 맞지 않아 아픈 탈선

옛바람 피하려 얼음 담장을 높인다
훈풍이 불면 녹는데
삭풍만 불어
자꾸만 키워가는 얼음 담장의 두께

냉기류는 불지역에서 만들어지는 것
불신 불만족
차라리 남이라면
아니어서 욕심이 엉켜 도는 냉기류

옛바람도 제 하늘에서 혼자 노래했었지
신바람도 혼자 노래할 수 있어
불不자를 떼면 훈풍

신信자를 붙이고 웃으면 돼

웃음은 쏟아지는 햇볕
얼음성이 녹아 풀밭이 파랄 때까지
긴 기다림의 미소
헤설퍼도 비춰야할 햇살

감나무의 아픔

약하디 약한 감나무 열매 많이 맺는다
감꽃 함께 절반은 떨어지는데
또 반의 반은 지는데
나무는 해 줄 것 없다

처서 지나면 제법 커 가는데
모두 품고 키워 가야 할 자식들
아직도 감나무는
푸른 아들 지우고
발그스레한 큰딸, 공장으로 보내고
그저 뚝뚝 별같은 아픔을 토한다

더는 울지 말아야지
몇몇을 꼭꼭 붙들고
무슨 일이 있어도 너희만은 지킬 거야
정한수 한 그릇 떠 놓고 기도하지만
감나무는 가난한 어머니
또 보내고 어깨를 들썩인다

4

삶을 보다

내 방에 들어오지 마

밀린 전철은 타고 싶지 않아
비좁은 곳은 질색이야
화장실에서 일 볼 때도 떨어진 자리를 찾잖니

잔소리는 내 영역을 침범하는 거야.
너무 많이 걱정해 주는 것도 침범이야
나를 잘 안다고 너무 관여하지 마
'너무'니까 선을 넘은 거잖아
못해도 가만 내버려 둬
좀 늦겠지만 나도 할 수 있어

우리 마을에는 영표가 있었지
좀 모자란 청년이었어
옷이 지저분해서 냄새도 조금 났지만
사람들은 그에게는 말도 많이 걸었지
큰소리치는 어른이 오면 자리를 떠났지

술을 마실 때는 선배보다는 후배를 찾지
큰 형보다는 작은 형이 마음에 들어
아버지보다는 어머니가 좋아

모르는 것은 선생님보다 동네 형이 편해

나만의 공간이 필요해
제 공간을 가진 나무가 맘껏 가지를 펼 수 있잖아
내버려 둬
내 방에 들어오지 마

공원과 노인

새 소리 짙은 공원을 걸으면
까치는 폴짝 비둘기는 뒤뚱
고양이 갑자기 걸음을 멈추고
콩알만한 개는 짖어댄다

숲길에는 걸음이 바쁘고
뱃살이 떨어져 나무 뿌리가 번들거리는데
노인들은 운동기구에 따개비처럼 달라붙고
꼬부랑 할머니는 필사의 각오로 유모차를 밀고 간다

인생 팔십, 팔십 킬로로 달리는데
유모차는 정류장이 자꾸 늘어나고
발은 점점 땅에 뿌리를 내리지만
요양원에 들어가면 그거로 끝이다
잿빛 가루로 나오는 거다

걸어야지
자식들의 모습이 흔들거리며
노인은 걷고 흔들고 밀고 또 걷는다
신호등이 거리를 흐르게 하듯
공원은 노인의 숨결이 흐르게 한다

꽃잎이 진다

꽃잎이 진다
파문의 잔상으로
우주의 몸짓이 된다

꽃잎이 진다
황혼 더불어 생애가 어둠 될 때
별들이 돋아나 어둠이 빛난다

가끔씩 천둥 번개를 꽃잎에 얹고
목청 사르르 질 때
모성의 질긴 전설 속에서
내일이 오늘을 덮어 와

온갖 생명 소리소리 잉태하면
꽃잎은 미련이 없어
바람 소리에 산화되어 흩어져 간다

장하다, 금메달 신재환

2021 도쿄 올림픽 체조 도마 경기장
얼굴에 결연한 바람 안고 달려
도움대 박차고 높이 솟구친다
공중에선 손 가슴에 모으고
발 곧게 붙여 온몸을 하나로 만들어
여러 바퀴 옆으로 비틀어 회전하다
매트 위에 착
두 손 높이 들어 금메달 만세

어릴 적 앞구르기 뒤구르기 텀블링 좋아해
결단으로 이 길을 간다.
순탄치 않겠지만 인생을 걸어 본다.
재환이도 부모님도 선생님도 걸고
도사리고 있는 온갖 고난도 걸어본다.

무리하지 않으면 세계를 못 넘고
무리하면 온갖 고통이 따른다
고통을 두려워 않고 뛴다 넘는다
한계 넘은 연습에 허리 고통 따르는데
재활운동 6개월 하루 4시간

아픔도 고통도 굳은 의지는 못 이겨
돌아온 감각으로 더 높이 도약한다

부모님 고통 함께 만들어진 금메달
엄마 아빠 감사해요
무릎 꿇고 부모님 두꺼운 발 씻겨 준다
장하다, 신재환은 금메달이다

야생화

울 밑에 선 봉선화나
사군자 칭송의 매화는 아니어도

눈여겨 봐 달라고
예쁘냐고
이름 불러 달라고
애처로운 눈길 보내지 않고

산야에 스러진 무명용사의 선혈처럼
말없이 피어 있는 그대

알아주지 않아도
제 사명 다 하면서
자존감으로 꽃대를 올리고
제 향기로 고고하게 피어 있는
그대는 길

감

감꽃이 피더니 작은 감이 많이도 달렸다
지금 감은 시도 아니다

감은 커가다 곯아 떨어지기도 하는데
붙은 감들은 큰 꿈을 꾸어주기를 바라며
햇빛도 바람도 쏘이고, 번개도 천둥도 맞힌다
아직 시는 굵어가는 파란 땡감이다

감이 붉게 익어 가라고
스산한 가을바람도 불고
까치도 직박구리도 울어 댄다
제법 씨알이 굵어지고 노랗게 영글어 간다
아직도 시는 떫다

밤에 차가운 가을바람, 낮에 따가운 햇볕
새벽 된서리를 건너가야
푸른 하늘에 홍시가 달리겠지
사람도 새도 먹는 달콤한 홍시(紅詩)가 걸리겠지
시장에 나가면 잘 팔리는 홍시(紅詩)가 되겠지

괜찮은 홍시 하나 얻기 힘드네

멀리
감나무에 홍시들이 달려 있다
탐스러운 홍시들이 많이도 달려 있다

가까이 가보니
멍든 것, 해충 붙은 것, 새가 쪼은 것
괜찮은 홍시 하나 찾기 힘들다

좋은 홍시 얻기 위해
잎 피기 전부터 거름 주고
잘 달라붙어 있다 큰 홍시 되라고
홍시 돼 돈 좀 되라고
가지치기, 솎아주기, 비 맞히기, 햇볕 쏘이기
얼마나 무릎 꿇고 기도를 했던가

홍시가 되어도 마음 놓지 못한다
좋은 홍시부터 흠 내기 시작한 새들
혼자 먹으려면 새와 나눠 먹어도 좋겠지만
사람들이 보고 또 보는 홍시가 되려면

마지막까지 경을 외워야 한다

괜찮은 홍시(紅詩) 하나 얻기 힘드네

동행

장미꽃도 한 송이면 쓸쓸히 피고
지는 꽃잎도 한 잎이면 말없이 진다
바위도 혼자면 외로워 떨고
강물도 홀로 흘러 외로워 운다

개망초도 함께 피면 기쁘게 피고
낙엽도 함께 지면 장난치며 지는데
할아버지 외로워 지팡이 짚고 흔들리고
할머니 외로워 유모차 앞세우고 흔들린다

흔들리며 사는 사람
이웃은 큰 일에 함께 흔들리고
가족은 작은 일까지 함께 흔들린다

돌멩이도 함께 하면 용기가 되고
강아지도 같이 가면 의지가 되는데
흔들리는 사람
끝까지 동행하면 눈물이 된다

풀꽃과의 대화

난 너의 이름을 잘 몰라
미안해

괜찮아요
나의 이름을 아는 사람은 거의 없어요

그래도 너는 슬프지 않니
너도 겨울 차가운 얼음을 이겨내고
살을 에는 북풍을 견뎌내고
가뭄과 장마를 버텨낸 후 꽃을 피웠을 텐데

괜찮아요
이름을 불러 달라고 있는 것이 아니에요
혹 외로운 자나 기쁘게 해 주면 좋겠지만
꽃으로 있는 것만으로도 좋아요

꽃이 아닌 것들도 많은데
그들도 이름을 안 불러줘도 슬퍼하지 않아요

황새와 참새

태어날 때부터 기울어져 있다
황새와 참새
긴 부리와 짧은 부리
긴 다리와 짧은 다리
커다란 나무 집과 지붕 밑 작은 구멍 집

아무리 보아도 기울어져 있는데
물구나무를 서보면 물음표
큰 것이 좋을까 작은 게 좋을까

황새는 물속의 햇볕을 쪼아 먹고
참새는 마당의 햇볕을 쪼아 먹는다
황새도 참새도 입 하나로 하늘을 먹고
콧구멍 둘로 하늘을 숨 쉰다

세상은 불공평 요지경이라지만
석가모니는 빈 손이 금수저란다
예수는 십자가가 금수저란다
알렉산더 대왕은
햇볕을 가리지 말라는 디오게네스가 금수저란다

황새가 좋은지 참새가 행복한지 아는 자는
모두 비워버리고 저 밑에 있다
아무나 느낄 수 없는 것을 느끼는 마음
아무나 행복할 수 없는 것에 행복한 마음
그것은 불공평한 느낌
그것은 공평한 행복

황새도 참새도 저대로 즐겁다
오래 전에 도를 통했다

김치의 독백

위에는 천지인의 기운이 운행하고
옆줄의 무와도 재미있는 날들이었는데
한 포기의 김치가 되기까지
혹독한 인내와 단련이 줄지어 기다리고 있었지

인류를 위해 제 역할을 해야 한다고
뿌리 잘려 순교자의 하얀 피를 흘리고
널브러진 배추
세상 때를 빼내야 한다고 겉옷 벗겨내기
정신까지 바꾼다고 시퍼런 칼이 번득이면
노란 속 것까지 다 보여주며 파르르 떨었어

담기 위해 고된 인내의 시간
소금 치기, 소금물에 잠수, 양념장 버무르기
제일 차 지옥훈련이 끝났지
겉절이에 돼지 수육 싸 먹고 좋아 웃데

그게 끝이 아니었어
독 속에 차곡차곡 넣고 숙성시킨다나
햇볕과 달 그늘이 오고 갔어

해와 달이 된 오누이 이야기 들으면서 기다리다가
피식 피식 가스를 풍겨버렸지
개운하다고 얼굴에 꽃이 피데

긴 기적소리가 지나가고
철새의 울음소리가 지나가데
홍어삼합, 고등어조림김치찌개에는
묵은지가 없으면 허공만 드러누운 게지

이제 인류를 위한 마지막 사명을 감당할 때야
삼겹살 불판 위에 나를 올린다
한 편의 뜨거운 시가 된다

야쿠르트의 위로

가을 깊어 단풍 붉게 타는데

찾는 사람이 없어
야쿠르트 아줌마 말 없는 긴 하루

마음에는 산그늘이 지는데

　힘내세요 내일이 있잖아요

야쿠르트가 아줌마를 위로한다

꺼꾸리

삿대질 고함질 뻣뻣한 고개
나눗셈 뺄셈 못하는 주머니
가슴 속 떠나지 않고 결석처럼 박혀 있는 증오

너무나 무거워
디스크 튀어나와 대검처럼 찌르면
불구로 너덜거린다

뽑아내고 털어야 내야 돼
비워내고
자연으로 돌아가야 돼

꺼꾸리에 누워 뒤집어 털면
우수수 가벼워져
디스크 제자리로 돌아가듯
사람으로 돌아간다
강물이 흐르고 꽃 피는 세상으로 돌아간다

한 해를 넘기며

창문에 차가운 달빛이 흔들린다
정월부터 가슴 저며 사모한 뜨거운 바람
하나 둘 빈 껍데기로 사라져 간다

한 장 한 장 넘겨버린 아쉬움의 무게
저문 해는 붉은 빛 토하고 넘어 가는데
못 다 이룬 그림자만 길게 흐느낀다

한 해의 아쉬움 그리 보내지 말아야지
불꽃놀이처럼 확 터트리고
웃어버리자

달빛 젖은 눈물도 씨앗인 게지
뿌리 내려
꽃 피울 날들

파르르 떠는 가지 끝에서
차가운 바람은
꽃 피울 힘을 흔들어 깨워
사월엔 꽃그늘 지을 수 있겠지

웃자

믿어버리자

동해 붉은 바다로 허허 노래하며 가자

기울이면

지구가 기울어져
긴 여운
봄 여름 가을 겨울

몸도 마음도 기울이면
긴 사연
봄 여름 가을 겨울

목 꼿꼿이 세워 홀로 가는 길
외로워
생각 곧추만 세워 만나지 못한 평행선
괴로워

귀 기울이면 사람人이 되고
어깨까지 기울이면 연인이 된다

5
임을 기도하다

철쭉

아홉 남매 가슴에 품고
산비둘기의 징한 울음소리에
몸서리치며 철쭉꽃이 터진다

온 산과 거리에 퍼질러진 민족
온갖 수모 다 겪으며
서글피 참던 울음이 짓밟힌
너의 이름은 겨레의 붉은 핏줄

제 울분을 토하여
작은 촛불로 혁명을 일으켰는가
다시 문드러져 딸깍 숨 쉬는
천성이 하얀 불구자여

누가 너희를 진달래니 철쭉이니
흰 철쭉이니 붉은 철쭉이니 나누었는가
희다고, 붉다고 철쭉이 아니겠는가
이 반도에 피었으니 철쭉은 하나
통 크게 놀자

날이 새면 다시 일어나
산과 거리를 뒤덮어야 할
질펀하게 퍼지를 눈물이여

이제는 솔숲 바람에 머리를 씻고
먼 곳 산사 범종 소리에 머리를 빗고
붉고 맑은 웃음으로 이 반도를 노래하자

만국기는 펄럭이는데

언제부터
무엇 때문일까
껍데기 속에서만 살아간다
밖으로 나오면 세상이 얼마나 큰 지 알 텐데

누가 못 살게 하였는가
스스로 옭아 매기 시작하여
자신만의 껍데기에 갇혀버린 사람들

누가 고향을 버려둘 수 있을까만
만국기 휘날리는 세상에서
갈래갈래 부숴버릴 껍데기를 깨치고
손잡고 함께 달려 보자.

맑은 물에 머리를 감고
밝은 햇빛으로 지난 세월 빗질하고
흰 옷을 다려 입고
얼싸 안고 먼 길을 떠나 보자.

그믐달의 실책

달 없어
반짝반짝
더 밝게 별 밝힌다
저것들 보아라 제 잘 났다 깝죽대네
순간에 날려버려야지 심술부린 그믐달

여명을 등에 업고 저만치 앞장서서
하얀 이빨 드러내고 귀밑까지 웃는다
별 두셋 사라지다가 사그리 사라진다

제 가진 고움으로 둥둥 떠 있다면
별 함께 아름다워 모두가 즐길 텐데
별 죽자
제 몸까지도
하이얗게 죽는다

삼월의 기도

삼월 일일 그날의 절규
치욕을 벗어나려는 임의 뜨거운 외침
하얗게 순수한 스러져버린 몸부림이
온 땅에 쑥잎처럼 돋아나는 삼월이 오면
선혈의 피로 세례를 받고 다시 태어나게 하소서

잊기 쉬워 식기도 쉬워
쉽게 보이는 겨레
긴 하늘이 흘러 달빛이 시냇물처럼 흘러가
또 또 또
남북동서가 제자리에 척화비 세워놓고
갈갈이 찢어진 겨레
제각각 성을 쌓고 웅크리며 웅성거린다

독재에 흘린 핏자국에 선 민주의 기틀은
아집을 깨지 못한 어린 백성에게
지진처럼 흔들려 무너지고
역사는
색바랜 옷만 너덜거리는 어깨를 들썩이며
찢어진 깃발처럼 나부낀다

바위에도 새싹이 나고 자라듯이
산 그림자 길게 드리운 삼월의 서러운 날에는
돌덩이 단단한 척화비에
당신의 뜨거운 섭리로 짙푸른 새싹이 나게 하소서
얼음장보다 차가운 돌가슴에
삼월 선혈의 뜨거운 피로
진분홍 진달래가 피어나게 하소서

복수초

눈 덮인 차가운 산
복수초 뜨거운 꽃
신의 전령
명 받들고 온몸을 불살라 눈밭에 구멍을 녹인다

복수초 눈구멍
신령이 봄의 기운 불어넣는 봄구멍
노란 꽃향기는 교신하는 깃발

봄이 들어가면
오리나무 산수유 꽃 온 가지 몸살 치며 터지고
봄까치꽃 제비꽃 산고 치르며 터지고
펼쳐지는 연초록 세상

꽃잎이 져도 복수꽃 네 사명은 무죄
여름은 이미 돌고
별 같은 복수 열매
은하수 강물 위에 반짝이는데

아직도 어느 거리에는 제 몸을 불사르며

봄구멍을 만들고 있는
복수초 노란 촛불이 흔들리고 있다

섬진강 벚꽃길

매화가 하동포구에 꽃이파리 날리면
재첩은 살이 오르고
은어 비늘이 반짝이며 강을 차고 오르면
벚꽃 망울은 따개비처럼 가지 끝에 붙는다

섬진 강물 따라 모래알 봄 햇살 소곤거리고
쌍계사 범종소리 화개천 따라
길게 하동 포구에 다다르면
벚꽃 봉우리 바글바글
비구니 염불만큼이나 쓸쓸하다

누구를 기다리는지
그 마음 텅 비어 차마 피지 못하는데
화개천 바위에 부서진 물처럼 맑은
충청 전라 경상 사람들
화개장터에 모여 함께 웃으면

그제서야
칠불사 처마보다 높은 토끼봉
보다 높은 하늘에서 연연분홍 바람 내려와

벚꽃은 하얀 입술을 함빡 터트려 목젖 달랑이며
섬진강 온 길을 화사하게 웃는다

매미 울음

임 찾으려 울어댄다
간절함 실어 숲을 울린다
낮 밤 없이 여름 하늘을 찢는다

매미 울음 그 깊이는 얼마일까
어둠 속의 긴 소망
하늘 빛 아래 짧은 생명
자손 위해 저리도 절박한 소리

먹고 먹히는 숲에서의 울음
자신의 위치를 알리는 죽음의 소리인데

세상 떠나기 전
다음 세대 위해 온 몸을 울리는 소리
껍질 튀어 나온 석류알처럼 시다

여름은 찌고 고막은 멍해도
짜증내기에는 가슴에 빈 바람이 흐른다
오는 세대 위해
매미처럼 울어보았는가

무언가 외쳐는 보았는가
무엇이라도 저리 처절하였는가

독도의 기도

동해 먼 곳에서 미친 파도가 온다 해도
굳건히 견디어 노래할 수 있습니다
어제 왔던 파도가 셀 수 없는 파도를 이끌고
또 또 온다고 또 해도
견디어 춤을 출 수 있습니다

두 봉이 안으로 단단히 어깨를 짜고
하나로 견딜 수 있습니다
뒤돌아보지 않아도 단단히 견딜 수 있습니다

뒤에서 들려오는 밴댕이들의 언어들
꼴뚜기들의 구부러진 파열음
안에서 자라나는 검은 그림자의 속삭임

먼 동녘 바라보는 독도는 뒤가 서러워
북극성 바라보고 두 손 하늘에 모은다

하늘이시여
저 흰 옷 입은 모래알들 굳게 뭉쳐
큰 바위처럼 하나로 굳게 서게 하소서

대추알

선한 믿음으로 꿈을 품는다

새끼들 쭈루루 달고 다니는 멧돼지처럼
녹두알보다 작은 대추알 쭈루루 달고 자란다

변덕스런 바람 다 견디며
두 주먹 불끈 쥐고
천둥 번개에도 놀라지 않는 옹골짐으로
커가는 대추알
가슴 속에 굳은 심지 하나 품는다

인내천人乃天

가을이 익어 가면
제법 다부진 대추알
구릿빛 얼굴로 굵직한 상투 하나씩 튼다

동학혁명의 선봉에 상투 튼 전봉준
대추알들 이끌고
거센 왜풍倭風에 맞서며
옹골차게 넘실넘실 고개를 넘어 간다

6
시로 세상을 보다

동학농민혁명

1. 깃발을 올리다

지평선 평야가 수런거린다
고부 평야에 오는 태풍보다 쎈 놈
군수에 조병갑, 세 번째다
많은 먹을거리, 탐식가
조정 실세 끄나풀이 온다
고부 평야가 부르르 떤다
환장할 놈 이번에는 또
무슨 일을 저지를 지 속을 앓는다

만석보

있는 보 밑에 또 만든 보
부역까지 시키더니 쓰지도 않은 물세까지 내라고
에라 이 죽일 놈

조병갑 이놈을 어찌 혀야 쓰까~잉!
이참에 조병갑을 잡아 족쳐야 혀
동학의 세상으로 바꿔야 혀

조정은 왜놈들이 판쳐

관리들은 왜놈들에게 붙어 제 잇속 챙기기 바쁘고

왜놈들 몰아내고 매국노들 쫓아내고

새 세상을 만들어야 혀

이 참에 아예 양반 상놈, 남자 여자,

관리 백성이 차별 없는 세상을 만들어야 혀

인내천人乃天 깃발을 이 조선 땅에 올리는 거여

송두호 집에 모여 개벽의 깃발을 올리려는 뜻
동학 접주 농민들
음력 1893년 11월 모일 [1)]
전봉준을 비롯한 20명 사발통문 작성한다
의분을 일으켜 세상을 바꾸려 뜻을 모으고
하늘을 우러른다
어른거리는 자식들의 얼굴
스쳐가는 노모의 굽은 등
어머니 등이 울지라도 나라를 살려야 한다
어머니~

조병갑 효수, 군기창 화약고 점령, 탐관오리 징계,
전주로 진격 성 함락,

---

1) 이 외의 날짜는 양력으로 기록함

서울로 진격, 임금님 만나
인내천 새 세상을 약속 받아야 한다
새 조선이 눈에 보인다 만세 소리가 들린다
깃발을 올려라

2. 깃발이 달리다

정읍 이평 말목장터에서
만방에 뜻을 알리고 고부 관아로
말목장터 감나무는 이 장엄한 순간을 알고 있다
고부 관아로 가다가 죽창을 만들어
앉으면 죽산 서면 백산, 아하 그랬구나
1894년 2월 15일
백성을 살려내라 고함치며 고부 관아 덮친다.
관리를 문초하고 죄인을 석방한다
만석보 물값으로 받은 쌀 풀어 백성을 살린다
조병갑 쥐새끼는 미리 내뺐다

죽창을 들고 달린다.
제폭구민, 보국안민, 척양척왜
깃발을 높이 들고 달린다
하늘에 날리는 평등, 인권, 자주와 민주 정신이 깃든
나라의 염원, 황토현에 모인다

1894년 5월 11일

관군 쳐서 이기고, 또 연달아 이기고,

장성전투에서도 이긴다

전주로 내리 달려가 5월 31일 성을 점령

1894년 6월 11일 전주화약全州和約[1] 맺고 철병한다

조정을 철석 같이 믿었다 이것이 패착이다

세상을 모른 것이다

  달아 높이 돋아 임의 길 비추소서

  행여 진 데를 디딜까 두렵습니다

  전주에 가 계십니까

  달아 님의 뜻 이루고 돌아오도록 멀리곰 비추소서[2]

정읍사 부르는 망부석의 눈물이 떠올랐겠지

어머니 주름진 얼굴, 정한수 한 그릇 떠놓고

손 비비고 있을 어머니 얼굴이 떠올랐겠지

그러나

내친 김에 임금께 갔어야 했어

임금님 조종하는 왜병 물리치고

---

1) 동학농민혁명군이 전주성에서 관군을 대파하고 입성한 후 조정과 맺은 화해의 약속
2) 정읍사를 변용함

새 나라의 깃발을 올렸어야 했어
조정이, 왜놈들이 그리
호락호락하지 않다는 것을 몰랐어
몰랐어

3. 깃발이 찢기다

전봉준은 돌아왔는데 화약을 배반하는 조정
동학교도와 조정과의 숙원 없애기, 공동 서정,
탐관오리 숙청, 노비문서 태우기, 과부 재혼 허용,
인재 등용, 일본과 상통자 엄벌, 토지균등배분 등
12개 조약을 배반한다
청병 불러 농민군을 진압하려 한다
왜놈들이 가만히 있지 않는구나

   이건 우리 땅이다해.
   무시기 이건 우리 모노데스

청일전쟁
아, 슬프다 러시아에 붙는 조선

   이건 우리 스크
   무시기 이건 우리 모노데스

러일전쟁
고양이에게 잡힌 쥐가 된 조선
앞잡이가 되어 더 날뛰는 조선의 아이들
아~ 슬프다 우리 선조들이여

왜군들 조선 관군 앞세우고 동학군 뭉개려 남으로 내려온다
공주 우금치 전투
일본군, 조선 관군을 죽창받이로 앞세우고
신식 무기로 동학농민군 후려 갈긴다
어리석도다 동학농민군, 오~ 애재라
비 오는 날 화승총, 밤에도 잘 보이는 흰 옷
우금치 전투에서 시체에 시체를 넘어
하얗게 하얗게 쓰러진다 시산시해屍山屍海
핏물이 하얀 적삼 바지 다 적시고 강물 되어
새들이 운다, 운다, 운다

새야 새야 파랑새야 녹두밭에 앉지 마라
녹두꽃이 떨어지면 청포장수 울고 간다[1]

하늘이 울고 망부석이 울고 어머니가 울었다
눈물을 넘어 시체를 넘어 전봉준은 고부 방향으로

---

1) '새야새야' 노래 인용

김개남은 남원 방향으로 물러간다
12월 23일 8천여 동학농민군 태인의 성황산, 향가산,
도이산에 진 치고 관군과 맞선다
깃발은 여지없이 찢기고 만다
태인평야가 요동치며 곡을 한다
청포장수 전봉준, 순창 쌍치 피노리에서 믿는 도끼
동학 접사 김경천에 발등 찍힌다
1894년 12월 27일 청포장수 끌려간다
1895년 4월 24일 최경선, 손화중, 김덕명, 성두한 녹두꽃
이 떨어진다
녹두꽃들이 빛도 없이 떨어진다
오오, 슬프다. 오오, 원통하다.
꺾인 깃발이 찢겨진다 짓밟힌다
말없이 도망다니며 숨어 지내는 인내천의 깃발
고부의 자식이라 말하지 못한다
동학의 자식이라 말하지 못한다

4. 깃발을 다시 올려라

동학의 깃발 꺾인지 130여년 지난 오늘
깃발을 새로 올린다
2023년 5월 19일 유네스코 세계기록유산으로
185점이 오른다 4·19 기록 유산과 함께

동학농민혁명의 깃발을 온 세상에 올린다
이제 아버지의 이름을 자랑스레 말하여라
이제 할아버지의 이름을 온 천하에 말하여라
고향 정읍 고부를 세계만방에 자랑스레 말하여라

  새야새야 파랑새야 녹두꽃이 다시 핀다
  하늘 높이 날아올라 청포 장수 노래하라

거룩한 동학농민혁명 정신 자유 평등 인권
다시 한 번 이 땅에 노래하라
평등 나라, 통일 나라, 인내천의 나라
동학의 깃발을 온 세계에 휘날려라

우금치 산새 울음

바람이 분다
아낙의 울음 같은 바람이 우금치 골짜기에서 운다
못 다 이루고 가신 임 서러워
하늘이 서러워
산새 울음으로 마을에 와 운다

세월 앞서 깃발이 달렸다
하늘이 무서워서 사람이 무서운 세상
너도 하늘이야 나도 사람이야
하늘과 사람이 얼싸 안고 하나 되어
흰옷 입은 민족의 홀로서기 깃발을
죽창의 끝만큼이나 날카롭게 세우고 달렸다

세월 앞선 용기는 차라리 애처롭고
애처로움은 소총의 총알만큼이나 예리하여
우금치 전투에서 초개같이 스러진 청포장수들
아낙의 울음은 해금 소리처럼 구슬퍼
시체를 넘어 하늘을 운다

멈추었던 바람은

포승줄 녹두장수 따라 흘러가다 목이 매여 멈추고
바람은 혼백 되어 갈가리 찢어진 깃발 위에서
    인내치언 인내치언
    우리 히므로 우리 히므로
찢어지고 터져버린 가슴을 안고
혼백의 산새는 이 밤도 우금치 마을에서 울어옌다

임진왜란 웅치 · 이치 전투

1. 일본의 침략

아즈츠모모야마 시대 도요토미 히데요시가 일본을 통일한다

　이제는 조선까지 통일하는 거야
　당파싸움만하는 조선을 휩쓰는 것은 식은 죽 먹기다

일본의 침략 의도 탐색 갔던
통신사 황윤길(서인), 부사 김성일(동인)
일본의 침략 의도 있다 없다 없다
마음으로는 다 '있다'이지만 무조건 반대해야 해,

1592년 4월 13일 조선을 침공한 왜군
21일 만인 5월 3일 한양을 점령

　임금은 도망가고 빈 한양, 조선은 우리 땅이다
　지금부턴 조선 8도를 분할하여 차지한다

2. 전라도 공격

전라도 맡은 적장 고바야카와 다카카게小早川隆景
임진강에서 남으로 충주, 선산, 김천, 영동을 거쳐
전라도 무주, 금산으로 진격해 온다
6월 22일 저곡성 방어하던 금산 군수 권종의 군대를
단숨에 무너뜨리고
6월 23일 금산을 점령한다

 자, 이제 전라도의 중심부 전주를 친다
 군대를 둘로 나눠
 제1진은 진안에서 웅치 넘어 전주로,
 제2진은 진산에서 이치 넘어 전주로 간다

6월 말 주력 병력을 보내 용담을 치고 진안을 점령하고
주변 마을들을 초토화시킨다
용담, 진안의 하늘이 곡성哭聲으로 가득찬다

3.고경명 장군의 금산 전투

왜군이 좋아하기는 여기까지
임금이 도망갔다 하여 백성이 도망간 건 아니다
선비의 나라 조선, 의병을 모아
곳곳에서 왜군을 무찌르고 전투를 벌인다
5월 말 경 전라도 담양에서 고경명은 의병을 일으켜 한양으로 가는 중
6월 23일 여산을 지나다가 왜군의 금산 침공 소식에

약무호남 시무국가 若無湖南 是無國家

호남이 없으면 나라도 없다는 이순신 장군의 말을 외치며
전주성으로 들어오는 왜군을 무찌르려
7월 2일 진산으로 이동 7월 9일 금산성에서 눈벌전투를 벌인다

오호, 애재라
전투 경험 없고 글만 낭랑하게 읽던 선비들
전장에서 날고 뛰던 왜군,
조총으로 무장한 왜군들을 어찌 이길 수 있다던가
왜군 총에 8백여 의병 초개같이 죽는구나
오 슬프다 거룩한 넋이여
선비들의 충성스러운 정신

배움의 실천 선비정신 하늘처럼 고결하도다
7월 10일 왜군의 역습으로
떨어지는 벚꽃잎처럼 목숨이 떨어져 날린다
그러나 왜병은 7월 10일까지 이치 방향으로의 공격을 못하여
조선군이 이치 전투 준비를 하게 한다

4. 웅치전투의 승리

진안을 점령한 왜군은
주변 마을들을 쑥대밭으로 만들고 강간, 살인, 방화, 약탈
차마 눈 뜨고 볼 수 없는 참극을 만들면서
웅치를 넘어 전주부성을 점령코자 전주로 향한다
그러나 거기까지
웅치에서는 김제 군수 정담, 나주 판관 이복남,
남해 현감 변웅정 등이 기다리고 있었다
의병장 황박도 2백여 의병 이끌고 웅치로 달려간다
왜군은 7월 8일 새벽 웅치를 공격하지만
고개 위에서 고개를 넘어가려는
왜병에게 포를 쏘고 화살을 쏘아댄다

야, 이 왜놈들아, 어디를 넘어 가려느냐
어림없다
화살을 이리 다오 화살

왜병이 화살에 넘어진다
조선군이 조총에 넘어간다
일진일퇴
해질 무렵 화살이 다하여
후퇴할 줄 모르는 정담이 순절하고
웅치가 무너지고
전주로 진격하는 왜군은 안덕원(소양평)까지 진격
하지만 웅치에서 퇴각한 이복남, 황박 등이 진치고
남원으로 가던 동복 현감 황진이 돌아와 합류하여
안덕원 일대에서 왜군을 격파하여
왜군은 진안 방향으로 도망가 금산에 모인다

5. 이치 전투 승리

전라감사 이광, 나주목사로 승진한 권율에게
진산 이치(배티재)로 가서 황진과 함께 복병토록 한다
이치는 현재 충남 진산군 묵산리와
전북 완주군 운주면 산북리의 경계를 이룬
노령산맥에 위치한 험준한 산줄기 사이에 이루어진
분수령을 넘는 고갯길
이치는 전주성으로 들어오는 통로
전주를 지키기 위한 중요한 요새
왜군이 넘어오는 것을 이치에서 막아야 한다

예상대로 8월 17일 금산의 왜군은
진산을 거쳐 이치를 통과하려 한다
이를 막기 위해 이치에 군사를 배치하여
임시 도절제사 권율과 안덕원 전투에서 싸웠던
동복 현감 황진, 의병장 황박은 1천여 명으로 힘을 다해 왜군과 싸워
왜장 고바야카와 다카카게가 이끄는 2천여 왜군을 격퇴한다
손가락이 터져도 아픈 줄 모르고
화살을 쏘아대 화살 한 촉이 서너 명을 꿰뚫어
죽은 수를 헤아릴 수 없다
전투 막바지에 황진이 다리, 이마에 조총을 맞고
잠시 기절하였으나
권율, 공시억, 위대기 등이 힘껏 싸워 왜군을 물리친다
장하도다, 군사들이여 의병들이여
그대들의 흘린 피가 조선의 자존심을 세웠도다

6. 금산성 전투와 왜군의 퇴각

왜군은 금산성으로 물러가 주둔한다
8월 27일 의병장 조헌, 의승장 영규대사가 거느린
1천 3백여 군사들 금산 연평곤 전투를 벌인다
그들의 의와 용기가 가상하여 귀감이 되지만
왜군에게 패해 칠백의총 속에 잠들어 있도다

장유(1587-1638)는 순의비로 노래한다

　원한은 가을 하늘 속에 배어 답답함을 펴지 못하는데
　죽은 의병들은 자취 없고 누런 먼지만 자욱하네
　위급해서야 충언이 맞음을 알겠으며
　싸움은 패했어도 오히려 적세만은 꺾었도다

7. 웅치 · 이치 대첩의 의의

　금산성의 왜군은 9월 17일 경상도로 물러나고
　그 후 전라도는 전란을 극복하는데 필요한
　물자와 자원을 조달하여 국가의 보장이 되었다
　왜를 이긴 대첩 중 가장 큰 대첩
　빛나는 웅치 이치 대첩

　아, 후손들이여 부끄럽지 않게 사소서
　못난 임금 도망가고 못난 관료 도망가도
　선비 머슴 일어나서 군사들과 힘을 합쳐 싸우니
　이 나라 이 백성을 목숨으로 지켜내네
　임금 관료 부끄러우나 이 백성 장하도다
　웅치 이치 지켜내는 이 백성이 영웅이다
　이제부턴 붕당 싸움 그만 하고 이 백성을 지키소서

이 역사 잊지 말고 교훈 삼아

화합하여 부국강병 이루소서

〈참고자료〉

하태규(2023), '임진왜란 이치전투의 전개와 역사적 의의', "전라정신"제4집, 전라정신연구원.

w.k.wikipedia.org〉이치_전투

금산 칠백의총 전시 자료

만인의총[1]

1.
쑥대밭 만들면서 하동 구례 거쳐 남원으로 진격한다
쳐들어오는 마을 마을마다
코 베이고 목 떨어진 쑥대머리 귀신 형용

정유재란 1597년 6월 15일 터지고
침략의 미치광이 도요토미 히데요시
전쟁의 공 경쟁시키려
조선인의 코를 베어 보내란다
소금 절여 보내란다

일본군 과대경쟁 내가 많이 내가 더 많이
조선군 코, 남자 코, 여자 코, 노인 코, 아이 코
모두 모두 베어 가져간다
왜군 종군 승려 게이넨마저 슬픔을 읊는다

산도 불 타고 들도 불 타고
살아 있는 생명

---

[1] 만인의총: 전북 남원시에 있는 정유재란 때 왜군과 싸우다 죽은 자 일만 명의 묘.

노인도 젊은이도 어린이도 갓난아기도 코와 귀가 칼날에 베
어지는구나
이 세상 살아 있는 것이 다 사라지는구나
아, 어이할고

2.
전라도를 공략한 후 한양으로 올라가려는
왜군 14만 1천여 명
그 중 좌군 5만 7천 명
1597년 8월 10일
하동 출발하여 남원으로 몰려온다
쓰나미처럼 덮쳐 오는 5만 7천 정예군
남원 수비군
조선군 1천 명, 명군 3천 명 민간인 6천 명 모두 1만 명
다가오는 결전의 날

보고 지고 보고 지고 전주 지원군 보고 지고
풍전등화 남원에 지원군 보고 지고
오지 않을 지원군에 조정 원망 부질없다
생각사록 하릴없어 죽기를 각오한다

죽음이 두려우면 돌아가서 가족이나 지키어라
이 내몸은 귀신이 될지라도 남원을 지키리라

8월12일 왜 좌군 시마즈 다다요미, 가토 요시아키 등 6개 부대 6만 명
춘향 목에 채워진 큰 칼처럼 남원성을 조여 온다
남원에는 이복남 전라병마절도사, 정기원, 오응정, 김경로, 신호, 임현, 이덕회, 이원충 등이 이끄는 조선군인과 민간인은 전의를 불태우고
명군 대장 양원
전세 파악 못하고서
준비된 교룡산성을 버리고 남원성 전투로 작전을 바꾼다

왜군이 8월 13일 벼락같이 남원성 공격하나
조 · 명군 사생결단으로 지켜낸다
왜군은 8월 14일 고니시를 사신으로 보내 항복하라 하니
조 · 명군 거부하고 완강히 버틴다
기다리는 지원군은 오지 않고
어둠이 서서히 남원성에 짙어오는 8월 15일
어머니 아버지 불효자는 먼저 갑니다
어머니 아버지 먼저 보내드리지 못하고
먼저 가는 소자 용서하여 주옵소서

애비 없는 자식으로 살아갈 자식들
후일 아이가 자라나면
애비는 남원을 지키려고 조선을 지키려고

이 한 목숨 다 바쳐 싸우다
목 떨어지고 코 잘린 귀신 형용으로
죽어 갔다고 전해 주옵소서
천지신명이시여, 이 힘없는 조선을 도우소서
순박하고 평화를 사랑하는 남원 사람을 도우소서

왜군 발자국 소리 고요한 밤하늘에 스르륵 스륵 덮쳐온다
총성과 불빛이 밤하늘에 번개치고
성을 타고 넘는 왜군의 함성
온몸 다해 싸우고 번득이는 칼, 곡괭이로
왜군의 목을 베고 등을 찍으나 중과부적

명군 대장 양원은 몇 무리 데리고 남원성 빠져 도망간다
성문은 열리고 쓰러지는 조선군, 조선 백성
피가 튀고 목이 잘리고 코가 베인다
피바다가 되는 남원성
조선 군관민은 모두가 하나같이 귀신형용

만인의 시체 모아 안장한 만인의총
목숨 다해 싸운 남원 의인들의 표상
힘이 약하면 당한다는 표상
만인의사순의탑이 묵언으로 외친다

3.
조국 떠난 코의 원한 왜국 하늘 떠돈다
왜의 칼에 목 베이고 코가 베여
소금에 절여져 왜국으로 넘어갔다
교토의 야마토오지의 한복판 미미치카 공원에
7.2미터의 코무덤
원한의 영혼은 무덤 위에 떠돌며 하늘을 울고 있다
도요토미 히데요시가 주신인
방광사와 풍국신사에서 밤마다 울고 있다

남원성 전투에서 죽은 넋의 코무덤
오카야마현 비젠시에도
우키다 히데이에가 코를 베어가 묻은
평지에 10여 개의 돌로 만든
천인비총 위에서도

오카야마현 쓰야마시에도 있는 코무덤
나카지마 부대가 호남지방에서 베어간 코무덤
아직도 코무덤 위에서는
원한의 귀신들의 원성이 떠돌며
붙잡혀간 남원 도공들과 함께
고향 조선에 전해 내려온 노래를 부른다 이 노래는 고려말부터 조선 중엽까지 우리 조상들이 즐겨 불렀던 노래

1610년 남원의 양덕수가 채록하여 만든 양금신보에 실려 있는데 왜에 잡혀간 도공들이 고국이 그리워 단군단을 쌓고 부른 노래 오늘날까지 이어져 불려지고 1995년 남원문화원에서 남원 향교동 만인의총 앞에 노래탑을 세운다.

   오늘이 오늘이소서
   매일에 오늘이소서
   저물지도 새지도 말으시고
   새나마
   주야장상에 오늘이소서

4.
아직도
코귀신 원귀
침략자는 신의 저주를 받고야 말거라 울부짖는다
땅과 국민을 지키지 못한 조선 조정에 대한 원귀
땅과 백성을 지켜주지 못한 국가는
국가라 할 수 없다며 울부짖는다
지금도 호시탐탐 코를 베어가려는 왜놈들
역사는 과거를 비춰 미래를 밝혀나가는 거울
또 코를 베일 것인가
이제는 코를 베올 것인가
분열치 않고 개인 탐욕 부리지 않고 자주 자립해야한다

명나라 장수 전세가 불리하니 도망가 버리듯

외세는 불리하면 도망가 버린다

관군, 의병, 승병 똘똘 뭉쳐 물리치니

왜군들 힘을 잃고 물러난다

역사는 거울

동서남북 모두 거울 보고 하나 되어

목 베이지 말고 코 베이지 말자

*참고 자료

양용은(2023), 정유재란의 남원성 전투와 만인의총, 그리고 코무덤, 전라정신 제4집.

남원문화원(1997), 정유년 남원성 싸움:-전란의 극복과 승화, 그린 기획.

남원 만인의총 해설사 황인호 씨와의 면담.

남원을 소리하다
— 판소리로 엮은 춘향골 남원

(아니리)

요천과 섬진강이 넓은 들을 만들고, 높고 깊은 지리산이 있는 살기 좋은 곳, 통일신라 오 소경 중 하나인 남원 고을로 말할 것 같으면 먼저 고전소설이 쏟아져 나온 곳이라 (어이)

흥부가 박을 타는디 슬금슬금 쩍 박 터졌네~ (좋~다)
어사또와 춘향이가 박 속에서 나온다
이봐라 춘향아
변사또 수청 안 들어 이리 고생하였으나
나에게 수청 들어 한 세상 잘 살아보자 (얼씨구)
이보시오 어사또 나리 차라리 나를 죽여주시오~
춘향아, 고개를 들어 나를 보아라
서방님~ (좋~다)
흥부가 박을 하나 더 타니 만복사저포기가 쩍~ 튀어나오는디
남원 만복사에서 양생은 부처님과 저포놀이 이겨
저승 못 간 여인과 혼인하여 살고 있구나 (어이)
흥부가 박을 두 개 더 타니 (어이)
한 개 속에는 최척전, 남원 사는 최척과 옥영이 약혼 후 전쟁으로 헤어졌으나 다시 만나 행복하게 살고 있고

다른 한 개 속에는 홍도전, 정생과 홍도가 전쟁으로 헤어졌다
　　다시 만나 행복하게 잘 살고 있구나 (어이)
　　어찌 이뿐이랴 여류시인 김 삼의당의 시문집은
　　삼의당 부인 유고로 남원의 자랑이제 이~ (좋~다)

　　(아니리) 남원 하면, 또 판소리를 빼놓을 수 없제 이~ 남원 명물 합죽선 들고 한 소리헌다

　　판소리 동편제를 창시한 송흥록과 그의 손자 송만갑,
　　셀 수도 없는 판소리 명인들을 배출한 국악의 성지 남원 지리산 운봉골
　　지리산처럼 우렁찬 뱀사골 물처럼 콸콸 쏟아지는 소리 한 번 들어 보소~ (어이)
　　남원 배경 판소리 춘향가 흥보가 변강쇠 타령이 남원골에 폭포수 친다
　　어디 그뿐이랴 우리의 3대 악성 옥보고가 거문고를 타고 놀던 고을이 또한 우리 고장 운봉이 아니던가 이~
　　얼씨구 절씨구 지화자 좋다

(아니리) 이제 남원 충신에 대해 말해 보세
 운암 전투의 양대박 의병장, 진주성 싸움의 황진 장군, 유격 활동 및 난중잡록을 기록한 조경남 의병장, 정유재란 때의 남원 군민들 목숨 내놓고 싸웠느니라
 어디 한 번 들어보자 (어이)

 정유재란이 끝난 어느 날 밤 문 밖에서 귀신 울음소리 들려 온다
 여봐라, 게 누군데 그리 울어 쌌느냐
 어디 한 번 모습이나 보자 (어이)
 머리는 풀어 헤치고 코 없는 얼굴만 있구나
 네 코는 어디에 있느냐~ (어이)
 제 코는 왜국에 건너가 코무덤에 묻혀
 원귀만 이렇게 떠도나이다~
 이 억울함을 풀어 주소서~ (어이)
 허허, 애닯도다 코 없는 슬픈 머리여
 이성계 장군의 남원 운봉 황산 전투에서 왜구 아지발도를 물리치던
 그 힘과 기백은 다 어디 가고 어찌 그리 슬픈 모양이 되었는고~ (어이)

그래, 내 네 후손들에게 단단히 일러
다시는 이런 역사가 일어나지 않게 하겠노라 (잘 한다)
사또 황공무지로소이다
사또만 믿고 이만 물러가겠나이다 (어이)
오호 통재라 조정이 약하니 백성만 죽어 나가는구나 (어이)

(아니리) 임진왜란, 정유재란 아픈 역사 겪었어도 세월 지나면 또 잊어버려
다시 편가르기 세력 다툼하니 나라는 분열되고 마는구나

능력 없는 고종 황제, 서양 열국, 왜국, 청국의 소용돌이 속에 휘말려
왜놈한테 나라를 빼앗겨 버렸구나
오호, 어이 할꼬 어허, 애재라
이런 와중에도
남원 교룡산성 은적암에서 최제우 동학사상 완성하여
이 나라 살 길을 외치고 칼노래를 부르며
새 세상을 꿈꾸었으니 희망은 있었도다 (얼씨구)
허나 1910년 조선의 관료는 이 나라를 왜국에 바쳐버려 대한제국은 없어져 버렸는데 (어이)

이때 남원 사람 김상옥을 비롯한 수십 명이 자결하고, 3·1 독립운동에도 오만 명 이상 참여하여 순절 42명, 부상 152명, 투옥자 98명의 남원 열사들이 빛을 밝혔으니 충신의 고장이요 (어이)

효자 열녀들도 많이 나 효열비가 전국에서 두 번째로 많으니 효자, 열녀의 고장이라 (어이)

이러니 남원에서 나고 자람이 어찌 자랑이 아니고 무엇이겠느냐 (좋~다)

얼씨구 절씨구 남원이 겁나게 좋네

*참고문헌

김주완(2022), '남원의 문화와 역사' "한국문학의 메카, 남원", 남원고전소설문학관

김동수(2022), '교룡산성과 최제우 동학', "한국문학의 메카, 남원", 남원고전소설문학관-

양용은(2023), 정유재란의 남원성 전투와 만인의총, 그리고 코무덤, 전라정신 제4집

평설

|평설|

새로운 삶을 응시하려 시를 살다
― 南村 류성후 시 깊이 톺아보기

이동희(시인, 문학박사)

왜 시를 쓰고 시를 읽는가?

 시를 읽는 것이나, 시를 쓰는 데 공통된 바탕이 있다. 그것은 바로 시정신과 일치하는 '새로움'이다. 시의 독자는 시를 통해서 사물의 새로운 면모를 찾아 감정의 신선함을 맛보려 하고, 시인은 새로운 안목으로 사물의 숨겨진 면목을 찾아 표현하려 한다. 시를 대하는 이 의도가 선성으로 마주하게 될 때, 독자나 시인이나 매우 큰 보람을 누리게 될 것이다.
 그러나 이런 시도가 매번 일치하는 것은 아니다. 시인이 기껏 '새롭다'며 표현한 시의 진술이 독자의 구미에 맞지 않거나, 기대에 어긋나는 경우도 없지 않기 때문이다. 그래도 시인은 부단히 이 새로운 안목을 포기할 수 없다. 왜냐하면 시인이 새로움을 찾으려는 시도는 바로 자신의 삶을 새롭게 변화시키려는 시도이면서, 시인다운 삶의 실천이기 때문이다. 즉 좋은 시를 쓰려는 목적에 앞서, 좋은 삶을 살려는 의도를 가지지 않고 시를 쓰는 시인은 없기 때문이다.

마찬가지로 시의 독자 역시 '새로운 시' 찾기를 멈추지 않는다. 비록 몇 편의 시나, 몇 시인의 작품에서 자신의 의도에 맞는 작품을 찾지 못했다고 할지라도, 자신의 삶을 진중하게 영위하려는 의도를 포기할 수 없기 때문이다. 그래서 독자들은 읽는 시들마다 기대에 미치지 못해서 실망하기도 하고, 난해성의 숲을 헤쳐 나오지 못해서 시의 길을 놓아버리는 경우도 없지 않다.

그럼에도 불구하고 시를 쓰는 사람이나, 시를 읽는 사람은 모두 '시를 사는 사람'이라는 점에서 일치한다. 이는 매우 의미 있는 일이다. 대단히 다양하고 혼잡한 현대 사회에서 인간의 창조물 가운데 가장 오랜 역사를 지니고 있는 미학의 원형, 시에 접근하려는 시도는 그 자체가 뜻있는 일이기 때문이다. 시는 '미학의 원형'이다. 이 말은 모든 예술의 근본에 '시정신'이 담겨 있어야 한다는 측면에서 보면 그렇다. 고대에서 현대에 이르기까지 그 형태가 크게 변하지 않은 예술 형식으로 시 말고 다른 장르를 꼽기는 쉽지 않다.

시는 문자로 쓰인 언어예술이란 특성이 조금도 변하지 않고 있다. 물론 현대에는 디카시네, 영상시네, 시네포엠 등 다양한 표현 형식이나 매체를 동원하기도 하지만, 결국은 '언어예술'이란 기본 형식에서 약간씩 변화된 모습일 뿐이다.

그리고 그런 형식은 결국 '언어예술'이라는 범주에서 맴돌다가 문자화된 형식으로 안착하게 되어 있다.

아무리 시대가 변하고 표현 매체가 다양해져도 구태의연한 삶을 벗어나고자 하는 사람이라면, 가장 오래된 미학의 원형을 간직하고 있는 '시문학'을 외면할 수 없다. 왜냐하면 인간이라면 누구나 다음과 같은 질문에서 자유로울 수 없기 때문이다. 인간이란 무엇인가? 인간이란 어떤 존재인가? 인간은 어떻게 살아야 하는가? 인간은 어디로 가는 것인가? 등등 헤아릴 수 없이 많은 질문 앞에, 우리는 아무런 대책도 없이 무방비로 놓여 있는 존재, 그게 바로 인간이기 때문이다.

물론 그런 질문에 대하여 응답을 찾을 수 있는 길이 시에만 있는 것은 아니다. 보다 본질적으로 철학이라든지, 종교가 인간이 품고 있는 이런 질문들에 대하여 양질의 대답을 들려주고 있다고 여기는 듯하다. 그러나 철학이나 종교가 들려주는 원리나 말씀들이 우리 삶을 낱낱 보기로 누구에게나 실체로서 적용될 수 있는 사례들은 아닌 것이다. 내 시의 독자와 같은 상황에서 나와 같이 숨 쉬며 보여주는 반응이 나[시인]의 삶에 새로움의 파동을 일으킬 수 있는 것을, 그것도 생생한 삶의 순간마다 새롭게 기록해내는 것이 시이기 때문이다.

사실 '기록'이라고 했지만, 적확한 말이 궁해서 그렇게 표현했지만, 실은 시[독자-시인]의 느낌이다. 이 느낌[그러니까 시인이 사물에서 받은 자극이나, 독자들이 시를 대하며 일어나는 감정 등]을 언어로 전부 포착할 수도 없고, 영상으로 전부 찍어낼 수도 없으며, 그림으로 전부 그려낼 수도 없다. 그렇지만 할 수 없다고 그냥 두고 보지 않는 분야가 바로 시다. 철학이나 종교는 이성적 언어 말고는 진리를 드러낼 방법이 없지만, 이성만이 아니라 감성을 포착하여 구체화-언어의 형상화를 통해서 느낌까지도 언어화하려 하는 장르가 바로 시문학이다.

이 대목이 바로 시가 종교나 철학과 결정적으로 다른 부분이다. 한 마디로 철학이나 종교는 얼마든지 언어를 동원해서 설명하고 진술해 냄으로써 진리(?)를 설명할 수 있을 것이다. 그 진리의 대부분은 누군가의 '생각[理念]'인 경우가 대부분이기는 하지만.

그러나 시는 생각만을 담지 않는다. 삶이 겪은 낱낱의 행동이 빚은 것, 그것들을 마주하면서 일어나는 온갖 미묘한 감정-감각의 파동, 그리고 이 생각과 감정이 교차하면서 일어나는 사람됨의 실체를 표현하려고 애를 쓴다. 그래서 말이라는 도구를 쓰되, 시는 언제나 말의 울타리를 뛰어넘지 않을 수 없는 운명을 지니고 있다. 시는 언어 예술이면서도 언어의 노예가 되기를 한사코 거부한다.

그렇게 함으로써 새로움의 새로움을 향하여 부단히 자신의 옛 껍질[舊殼]을 벗으려 한다. 그 길만이 영원히 살 수 있는 길이며, 그 길만이 인생이란 무엇인가에 대하여 응답하는 길임을 알기 때문이다. 그렇게 터득한 앎은 인식의 차원에서 머물지 않고 자신의 삶으로 구현해 내려 한다. 이것이 시는 쓰는 것이 아니라, 사는 것이며, 이 길이 바로 시가 철학과 종교와 근본적으로 다른 지점이라 할 것이다.

자아를 성찰하는 새로움의 기록

남촌南村 류성후 시인 역시 자신을 둘러싸고 있는 사물을 새롭게 보려는 시도를 멈추지 않는다. 하기는 오늘날 시인이란 명사는 옛날처럼 음풍농월吟風弄月 하면서 고상한 삶을 지향하는 선비이거나, 현실과 동떨어진 곳을 헤매는 낭만주의자의 이미지를 벗은 지 오래다. 시인은 현실의 가장 첨예한 곳에서 민중보다 더 날카로운 감식안과 낭만주의자보다 더 따뜻한 공감 능력을 지닌 사람이어야 한다. 시대의 변화 바람이 시문학이라고 해서 비켜 갈 리 없지 않은가!

보통 사람들은 볼 수 없는 것을 찾아내고, 사물의 사전적 의미의 안팎을 뒤져서 잠재된 의미를 새롭게 발굴하고 이를 덧칠하려는 사람들이 시인이다. 그러자니 사물을 새롭게 보는 것은 필수요, 그것을 표현하는 언어 역시 새로움으로 무장하지 않으면 안 된다.

남촌 시인이 사물에서 받은 감각적 파동을 어떻게 형상화하는지 다음 시가 그의 작품을 관통하여 볼 수 있는 표본이자 시금석이 될 만하다. 평범한 하나의 사물이 시적 화자의 삶에 어떻게 작동하여, 어떤 삶을 지향하게 하는 원동력이 될 수 있는지 보여준다.

바람이 불어온다

할 일 다 한 단풍잎 미련 없이 지는데
아직도 놓지 못하고
가을이 지나가도 떨어지지 않는 마른 이파리
산이 시끄럽도록 버석거린다

칠십 년 넘어 살아도 귀가 순하지 못하여
이 이파리 언제 떨어진대
저런 이파리는 빨리 떨어지지도 않아
저마다 한 마디씩 하며 모두 곁을 떠나는데

옛 버릇 떨구지 못하고
가지 끝에서 바스락거린다

곱디고운 단풍마저 떨어지는 이 가을에는
제 버릇 미련 없이 떨구어 내고
티 없는 가을 하늘에 홍시처럼
새 밥이나 되면서 살아야 할 텐데

— 류성후「비움」전문

 이 작품의 제목으로 삼은 '비움'은 중층적 의미를 담아내려 한다. 하나는 가을 나무가 나뭇잎을 떨어뜨리는 것은 나무가 자신을 '비워내는' 것이라는 의미와 또 하나는 시적 화자가 자신의 노년을 돌아보면서 탐욕으로부터 '자유로운' 노년을 상정한 것으로 보인다. 물론 한 편의 시에서 차용된 소재들은 시적 변용을 거쳐서 새로운 의미망을 엮어내기 마련이다. 그런 차원에서 본다면 '비움'은 나무가 발휘하는 겨울나기의 슬기를, 시적 화자가 지향하는 노탐에서 벗어나려는 지혜로움으로 변용시키는 데 비유로 작용하도록 병치시키고 있음을 읽어낼 수 있다.

이렇게 의미망을 알아냈다고 한 편의 시가 모두 독자의 것이 되지는 않는다. 앞에서도 언급한 바 있지만, 시는 생각[理念]을 동원해서 의미만을 담아내려는 도덕 교과서가 아니다. 그렇다면 이 작품이 담고 있는 언어예술로서의 미덕은 무엇일까? 이 대목에 집중한다면 이 작품의 새로움이 독자의 새로움으로 승화될 수 있을 것이다.

첫째는 구성의 재미다. 이 작품에서는 시적 화자와 시적 대상으로서 가을 나무가 등장한다. 글의 특성을 말하면서 가장 자유로운 형식으로 수필 문학을 드는 경우가 많다. 수필의 특성은 '무형식의 형식'이라는 지적이 그것이다. 어떤 형식의 구속이나 제한받지 않고 자유롭게 쓸 수 있는 글이 수필이라고 한다. 이에 못지않게 시의 형식도 자유롭다. 시적 화자는 곧 시적 자아다. 시적 대상은 가을 나무. 그런데 이 작품에는 제2의 시적 대상이 등장한다. 이들은 제2연에서 발언하는 존재들이다.

이런 구성은 제1연이 객관적 상관물로 '가을 나무'를 등장시켰다면, 제2연에서는 시의 다양성의 효과를 거두기 위해서 직접 화법으로 제2의 시적 대상을 등장시킴으로서, 극적 재미를 더한다. "칠십 년 넘어 살아도 귀가 순하지 못하여" ~ "저마다 한마디씩 하며 모두 곁을 떠나는데"라는 시적 화자의 자탄이다. 그 사이에 배치된 내용은 제2의 시적 대상이 발언하는 대사가 된다. "이 이파리 언제 떨어진대/ 저런 이파리는 빨리 떨어지지도 않아"라면서, 시적 자아의 어리석음(?)을 시적 대상을 등장시켜서 지적한다. 이런 진술의 맥락을 따라가다 보면 선례가 될 만한 명시를 떠올리는 것은 시 독자의 행운이다. 물론 상상력이 거두는 효과이지만…. "가야 할 때가 언제인가를/ 분명히 알고 가는 이의/ 뒷모습은 얼마나 아름다운가"-〈이형기「낙화」제1연〉를 떠오르게 하는 의도적 배치가 재미있다.

그러니까 잘 떨어지는 것은 잘 익은(완성된) 것이다. 제대로 익지 못한 것은 제대로 떨어질 수도 없다. 이 원리는 단풍나무나 인생이나 마찬가지다. 가을 단풍잎이 나무에 매달려 떨어지지 않으려고 발버둥을 치는 것이나, 늙은 나이에 아직도 미련을 버리지 못하고 노탐老貪을 부리는 인생은 둘 다 꼴불견이라는, 시적자아의 성찰이 빛을 발휘하는 대목이다. 이 대목에 이르면 제1연 첫 행 "바람이 불어온다"는 그래서 그냥 자연 현상의 묘사가 아니라, 시적 자아의 내면에 일어나는 시상에 대한 진술로서 빛을 발한다.

둘째, 시인은 이런 진술의 맥락을 확연하게 하여 독자들에게 감상의 포인트를 제공하려고 두 행을 안으로 들여 쓴다. 작은 배려 같지만, 시의 구성법으로 보면 매우 특색 있는 표현법이다. 우리 사회의 미덕이었던 경로사상敬老思想이 조금씩 퇴색되고 있는 것이 현실이다. 신생아의 출생률은 나날이 떨어지고, 노령인구는 나날이 늘어나니, 그럴 만도 하다. 이런 현실을 누구보다도 잘 알고 있는 시적 자아는 그래서 "칠십 년 넘어 살아도 귀가 순하지 못하여" 이순耳順에 이른 자아의 처신이 어떠해야 하는지를 잘 알고 있다.

어디서 어디까지가 시의 제재를 진술해 내는지, 어디에서 변용이 일어나서 주제를 향해 진술의 맥락이 전향하는지 독자들은 눈치 채지 못하도록 시상을 전개한다. 제3연 "옛 버릇 떨구지 못하고/ 가지 끝에서 바스락거린다"는 대목이 그것이다. '옛 버릇'은 자아를 지적한 듯한데, '가지 끝에서'는 단풍잎을 지목한 것으로 보이도록 했다. 이 두 이미지가 통합되는 대목은 '바스락거린다'에 있다.

'바스락'은 마른 검불이나 나뭇잎 따위를 밟거나 뒤적일 때 나는 소리. '가지 끝'이 나무나 인생의 막바지에 이른 정경이라면, 두 제재가 바스락거리고 있다는 것이다. 이 대목에서 이런 속담이 떠오르는 것은 시를 읽는 이의 자연스러운 반응이다. 시를 깊이 있게 읽되, 우리 삶에 새로움의 파동을 내면서 읽으려면 독자 역시 상상력을 발휘해야 한다. 이를테면 "가랑잎이 솔잎더러 바스락거린다고 한다."는 속담이다. 이 말의 속뜻은 "더 바스락거리는 가랑잎이 솔잎더러 바스락거린다고 나무란다"는 것은, 자기의 결점이 큰 건 모르고 남의 작은 허물만 탓하는 경우를 비유한다. "겨울바람이 봄바람보고 춥다고 한다"는 속담도 마찬가지다. 자신도 떳떳하지 못하고 허물이 있으면서 다른 사람의 결점이나 단

점을 들추어내는 것을 비유한다.

이 두 속담이 이 작품에 그대로 반영되어 있다. 단풍잎도 나뭇가지에 매달려 주어진 생을 제대로 완숙시켜 떨어뜨리지 못하고 버팅기는 모습이 '바스락거리'는 청각 이미지로 그려졌다. 이와 동시에 시적 자아 역시 이제는 '험한 소리나 역겨운 소리에도 순응해야 하는 연치(耳順)'임에도 아직도 생의 미련을 거두지 못하는 자아의 내면 소리가 '바스락거리'며 투덜대고 있다. 그 이미지가 청각 영상으로 뚜렷하다. 그러니까 "가랑잎이 솔잎더러 바스락거린다"고 힐난한다면 단풍잎과 시적 자아 중 누가 솔잎이 되어도, 누가 가랑잎이 되어도 할 말이 없어 피장파장이 된 셈이다.

그러나 이 작품은 결구에 이르러 시적 자아가 취하는 대목에서 차원이 다른 혜안을 보여준다. 언젠가 [단풍잎마저 떨어져버린 날이 되면, 시적 자아 역시 "티 없는 가을 하늘 홍시처럼/ 새 밥이나 되면서 살아야 할 텐데" 비로소 "가야 할 때가 언제인가를/ 분명히 알고 가는 이"의 모습으로 회귀한다. 이런 결구로 마무리 되리라는 것은 첫 행 "바람이 불어온다"에서 이미 암시되어 있던 바다. 시인이나 독자나 이 비밀한 단서를 독서 심장에 간직한 채, 시인이 설치한 시적 진술의 험로를 더듬어 온 셈이다. 그리하여 마침내 투명한 가을 하늘에 그보다 더 투명한 홍시처럼, 맑게 속을 비운 시인이 보인다. 한 편의 시는 이처럼 자신을 성찰한 새로움의 기록 아닌 것이 없다.

남촌 시인이 이렇게 자아를 성찰하는 작품은 도처에서 빛을 발한다.

> 그림자도 자러 가서 없는 밤
> 세상을 풀어 놓는 시간
> 제자리로 돌아가는 복이 내린다
> 하루의 희년
>
> — 류성훈 「잠」 전5연 중 끝 연

이 작품은 표현의 의장意匠이 빛나는 대목들이 시를 새롭게 한다. 3연에는 "태양도 밤에는 아르바이트 세워 놓고/ 붉은 눈꺼풀 내려 잠을 자는데"라고 진술한 대목이 있다. 시심은 동심이고, 시상은 상상의 날개를 달고 있으며, 시안은 다른 이가 볼 수 없는 것을 볼 수 있어야 한다. 사실 아닌 것을 사실인 것처럼 진술하기도 하지만, 사실을 자의적으로 왜곡시킴으로써 더 큰 미학적 성과를 위하여 달려간다. 시의 표현법은 항상 그런 길을 지향한다.

태양이 밤에 세워 놓은 아르바이트는 누구일까? 별이거나, 달이거나, 그도 아니면 심지어 우리를 함몰시키는 어둠도 태양의 아르바이트를 하고 있는지도 모를 일이다. 우리가 잠들기 위해서는 우리를 지켜주는 어떤 불침번이 있을 것임을 시적 화자는 그려내고 싶은 것이다. 그렇지 않겠는가. 어린 아이는 엄마의 팔베개와 자장가가 태양의 불침번 역할을 하며, 다정한 부부는 사랑의 콘서트가, 고단한 야근 노동자에게는

가족 사랑이라는 의무감이 불침번 역할을 할 것이다.

그리고는 마지막 연에 이른다. "그림자도 자러 가서 없는 밤" 매우 타당한 현상이지만, 이를 비틀어 역설로 상황을 설정하거나, "세상을 풀어 놓는 시간"이라고 반어적으로 밤의 이미지를 구축하려 한다. 그렇다면 태양이 뜬 낮은 '세상을 묶어 놓는 시간'이란 뜻일 터이다. 그러느라 인간은 낮 동안 제자리를 떠나서 방황하는 모양이다. 삶의 현상을 한 꺼풀 벗겨 놓고 보면 숨었던 진실이 드러난다.

이런 발상으로 보면 그래서 낮은 [묶였으니] 부자유스럽고, 밤은 [풀렸으니] 자유스러울 터이다. 밤의 해방이 없다면 생명체는 생명을 유지할 수 없다. 아니 밤이 주는 자비의 선물 '잠'이 없다면 생존을 장담할 수 없다. 밤이라야, 잠을 자야 비로소 인간은 "제자리로 돌아가는 복"을 누릴 수 있다. 발상을 전환하면 이렇게 우리의 삶이 새로운 진면목을 발견할 수 있다.

그래서 매일 밤잠을 자는 것은 "하루의 희년"이라고 했다. '희년禧年'이란 바이블에 기원을 둔 용어다. 어떤 상황에서는 25년마다, 또는 50년마다, 혹은 100년이나 천년마다 행하는 의식이었다고 한다. 희년을 맞으면 1년을 완전한 휴식기간으로 지키며, 노예를 해방시키고 상속받은 재산을 회복시켜 주었다고 한다. 여기에서 우리는 희년이 갖는 역사적 전통성이나 그 의미의 본질을 알고자 하지 않는다. 다만 '하룻밤의 잠'이 갖는 의미와 가치가 바이블에서 행하는 희년의 그것처럼 매우 귀한 가치를 지니고 있음을, 시적 자아는 표현의 의장을 살려낸 점에 주목하고자 할 따름인 것이다.

구약 성서에 담긴 희년의 그것처럼, 개인은 날마다 잠을 자므로써 희년과 같은 행복한 시간을 갖게 된다는 것, 이보다 더 보람 있고 의미가 큰 개인적 사건이 무엇이겠는가! 그럼으로 그렇다. 행복이란 날마다 편안한 잠을 자는 것, 그것은 노예들이 해방을 맞고, 토지를 잃은 민중이 토지를 되찾는 것 같은 행복한 사건이라는 것이다.

잠을 사유의 빌미로 삼아서 잠 속에 잠겨 있는 또 다른 의미로, 또 다른 표현의 묘미를 살려냄으로써 독자 또한 새롭게 성찰하는 삶이 가능해지곤 하는 것이다. 그러므로 시란 자아를 성찰한 새로움의 기록 아닌 것이 없다.

함께 더불어 살아가는 세상 그림

남촌 시인이 시심을 집중시키는 분야로 공동체 의식을 들 수 있다. "사람은 더불어 사는 존재"라는 의식을 형상화 한 작품을 여러 편 만나면서 그런 생각이 든다. 하긴 앞에서 시인의 정의를 말하면서 "오늘날 시인은 민중보다 더 날카로운 현실 인식과 낭만주의자보다 더 따뜻한 공감 능력을 지니고 있어야 한다"고 했다. 남촌 시인이 지니고 있는 시인다움의 특성을 이런 작품들이 보여주는 것으로 입증하는 듯하다.

사실 시의 특성이 '새로움의 새로움'이라고 한다면, 시인 역시 이에 부합하자면 독창성과 개성을 생명으로 해야 한다. 그럼에도 불구하고 그런 새로움은 시가 시답기 위해 지켜야 할 덕목이지만, 시의 의미망에서나, 시인의 품성, 그리고 시의 제재를 포착하자면 공동체를 떠날 수 없다. 그럼으로 시다움의 지향성은 한없이 드넓은 독창성을 추구하되, 시의 의미적 요소와 궁극적인 작품의 지향성에서 공동체의 식을 차별화 하면서 드러내는 것은 환영할 만하다.

>덩굴장미 모여 골목이 빨갛게 웃는다
>동네 앞 접시꽃 모여 수다에 시끄럽고
>개망초도 모여 하얀 바람을 흔든다
>
>찔레꽃 한 송이 따로 피어 있으면
>어머니 어디에 쉬어 계시랴
>배꽃 한두 송이 따로 피어 있으면
>달빛은 어디에 젖어 있으랴
>촛불 한두 개 불 밝히고 있으면
>함성은 어디에 숨어 있으랴
>
>작은 것들
>함께 하면 아름다운 반란
>
>벚꽃 모여 터져
>쉬는 시간 교실의 즐거운 시끄러움
>외로운 가창오리 모여 날아
>노을은 퇴직자의 가슴 붉은 지루박

황제 펭귄 모여 돌며 허들링
남극의 겨울은 성자의 계절이 된다

— 류성훈 「함께 하면」 전문

  이 작품을 끌고 가는 힘은 제3연 "작은 것들/ 함께 하면 아름다운 반란"에 있다. 나머지 진술들은 이 한 문장에 집중된다. 마치 식물의 고갱이처럼 한 편의 미적 사유 체계를 지탱하는 힘이 되는 표현이다. '작은 것들'은 술어를 끌어내는 주제어다. '함께 하면'은 전제가 된다. '아름다운 반란'이 주제어에 호응하는 술어다. 종결어미를 생략했지만, 이를 하나의 서술 문장으로 다시 쓰면 이럴 것이다. "[아무리 하찮게 보이는]작은 것들[이라 할지라도] [모두가]함께 하면 아름다운 반란[혁명]까지도 성공할 수 있 수 있다."
  이때 '작은 것들'은 무엇인가? 1연이 이에 응답한다. '덩굴장미, 접시꽃, 개망초' 등이다. 덩굴장미는 작은 꽃송이들이 모여 온 동네[골목]을 환하게 밝힌다. '빨갛게+웃는다'는 표현에서 시각이미지와 청각이미지가 결합하여 우리네 5월 덩굴장미의 계절을 감각적으로 재현시킨다. 매우 환하고 밝고 아름다운 정경이겠다. 걸러지지 않은 생생한 여론은 '수다'와 다름없다. 남들이 볼 때는 쓸데없이 말 수가 많은 것처럼 보이는 것이 수다다. 그러나 꽃대에 옹기종기 달려 있는 접시꽃을 보노라면 마치 꽃송이마다 작은 스피커로 보인다. 통제되지 않은 스피커, 표현의 자유를 구사하도록 열린 정경은 입을 틀어막아서도 표현의 자유를 억압하겠다는 어느 지도자의 독재적 발상과 정면으로 대립되는 모습으로 부각된다. 개망초는 한 송이만으로는 존재감을 드러낼 수 없다. 매우 작지만 무수히 많은 개망초들이 모이면 시대를 뒤흔들 수 있는 "하얀 바람"이 될 수 있다. 그런 역사적 경험을 우리는 생생하게 기억하고 있지 않는가!

 그리고 2연이다. 여기에서는 '작은 것들 - 찔레꽃, 배꽃, 촛불'들을 제시하면서 이와 연관된 서정의 그림을 그려내는 묘미가 있다. '찔레꽃'에서는 어머니를 그리워하는 서정성을, '배꽃'에서는 달빛에 젖은 슬픔의 정서를 불러낸다. 마치 "이화우 흩뿌릴 제 울며 잡고 이별한 님/ 추풍낙엽에 저도 날 생각는가/ 천리에 외로운 꿈만 오락가락 하노매라" 梅窓(이매창: 1573~1610. 부안) 정서가 떠오른다. 배꽃에 봄비가 은가루처럼 흩뿌려지는 정경이나, 달빛에 젖은 배꽃의 모습이 비슷한 시적 정서를 불러일으킨다. 그리고 '촛불'이다. 촛불 한두 개로는 어림없다고 했다. 그런 '함께'로는 함성을 불러올 수 없다고 했다. 숨은 함성일 뿐이다. 이처럼 2연에서는 모두 함께'라는 주제를 서정성으로 풀어낸다.

 제3연은 '작은 것'들의 병렬임은 1, 2연과 마찬가지이지만, 그 작은 것들이 함께 모여서 이루어내는 '아름다운 반란'을 구체화하여 역동적 이미지로 드러낸다. '벚꽃'의 아름다운 광경을 구경하며 순결한 어린 학생들은 재잘거리는 웃음을 만들어 낸다. '가창오리'가 함께 날아오르는 노을 진 하늘을 배경으로 퇴직자의 쓸쓸한 여생에 춤바람처럼 신나게 색칠해 진다. 남극에 사는 '황제 펭귄'들은 함께 모여 허들링을 하며 극한의 추위를 이겨낸다. 이들이 보여주는 삶의 순간들이 모여 아름다운 생명의 하모니를 이루어 낸다는 것! 이보다 더 큰 반란이 어디 있으며, 이보다 더 치열한 혁명이 무엇이겠는가! 그래서 반란이되 아름다운 것이며, 그래서 혁명이되 의미 있는 아름다움이다.

    남촌 시인의 시법은 다양하다. 자유시의 리듬감을 즐기면서도, 정형시가 지닌 정형률을 즐겁게 풀어내기도 한다. 하긴 시적 정서를 풀어내고 즐기는 데, 자유시네 정형시네 가릴 필요가 없기도 하다. 어느 형식을 취해야 가장 온존하게 시재를 드러내고, 시상을 전개할 수 있는가에 관심을 가지면 그만이다. 다음 작품에서 남촌이 보여주는 형식미의 특징을 살펴보기로 한다.

        섬 집 아기 달래주던
        파도 소리
        머금고

        진흙 뻘
        뒤척이며
        하얀 꿈 키우더니

저 또한

백합百合이러니

바다 내음 그 향기

— 류성후「백합白蛤」전문

  이 작품에는 평시조의 율격이 매우 자연스럽게 구사되어 있다. 초장-3. 4. 4. 3, 중장-3. 4. 3. 4, 종장-3. 5. 4. 3으로 모두 43자로 구성되어 있다. 특히 종장에서 매끄러운 율격의 부림은 평시조의 정점을 이룬다.

  형식에서만 율격에 합당하다고 좋은 시조가 되지는 않는다. 초장에서 일으킨 시상과 시적 정서가 중장에서 자연스럽게 연속적 리듬감과 함께 정서적 공감을 유지해야 한다. 초장에서 '섬 집 아기'는 널리 알려진 동요다. "엄마가 섬그늘에 굴 따러 가면/ 아기가 혼자 남아 집을 보다가/ 바다가 불러주는 자장 노래에/ 팔 베고 스르르 잠이 듭니다."-〈한인현 작사, 이흥렬 작곡〉이 노래의 서정이 파도 소리와 겹치면서, 그 정서 그대로 중장으로 이어진다.

  "진흙 뻘/ 뒤척이며/ 하얀 꿈 키우더니"는 초장에서 불러 일으킨 시적 정서인 동요와 파도 소리로 채워진 꿈, '하얀 꿈'으로 키워진 백합이 된다. 백합 조개의 속살이 하얗기도 하지만, 순결한 아기를 달래주던 자장가와 파도 소리로 채워진 꿈이기에 '하얀 꿈'이다. 초장의 정서를 중장에서 매끄럽게 이어주기에 충분하다.

이런 시적 정서는 마침내 종장에서 결구를 이룬다. 그렇게 하얀 꿈으로 몸을 키웠으니, 지상 최고의 꽃, 꽃 중의 꽃, 꽃의 여왕이라고 칭송받는 백합百合꽃에 견줄 수 있지 않겠느냐는 것이다. 더구나 여기에 "바다 내음" 향기까지 갖췄으니, 지상에는 꽃의 여왕 百合이 있고, 바다에는 조개의 왕 白蛤이 있지 않느냐는 것이다. 평시조 한 편으로 읊은 시적 정서의 지평이 매우 다양하고 순결하며 즐거움을 주기도 한다. 이때 정형률은 시적 정서를 한 곡의 노래로 승화시키는 역할까지 하게 된다. 자유시로서는 쉽게 다가갈 수 없는 부분이다. 시조이기 때문에 내밀한 정서가 자연스러운 노래가 될 수 있었을 것이다.

사실 백합 조개에는 여러 가지 민담이 전해진다. 백합의 한자어가 白蛤이지만, 전북 부안군 변산면 어촌 사람들은 이 조개를 百蛤이라고 쓰기를 고집하기도 한다. 그 이유는 백합 조개의 껍데기가 백이면 백, 천이면 천, 그 무늬가 제각각 모두 다르다고 한다. 그래서 일백 백 자를 써서 百蛤이라고 해야 한다며 고집하기도 한다. 또한 生蛤이라고 부르는 이도 있다. 어민들의 궁핍했던 삶을 지탱하게 해주었던 '생명의 조개'라는 것이다.

이런 민담을 들춘 것은 제재로서 白蛤이 종장에서는 百合으로 변용시킨 의도가 아마도 이런 내용까지 함축하려 했던 것으로 여길 만하다. 그래서 하나의 조개에서도 함께 살아가는, 공동체 의식을 시상으로 담아내려는 남촌 시의 한 특징으로 볼 수 있을 것이다. 하긴 시인의 의도야 어떻든 한 편의 시에서 보다 많은 함축의 의미망을 걸러내고, 표현미의 요소를 찾아 읽는 것이야말로 시 읽기의 올바른 독서법이 아니던가!

긴 호흡으로 들추어낸 역사의 기록

남촌 시인에게서 찾을 수 있는 또 하나의 특징은 시의 호흡이 길다는 것, 그리고 그 긴 호흡으로 역사의 고갱이를 파헤치려는 투철한 역사의식을 들 수 있다. 서정시는 주관적인 정조를 형상화하지만, 서사시는 객관적인 맥락을 근간으로 하고, 그 여백에 시인의 정조를 입힌다.

모든 서사시가 그런 것은 아니지만 고전적인 서사시들은 대체로 In medias res라는 서술 방식을 선택한다. In(안으로), medias(가운데), res(사건), 즉 "사건의 한 가운데"라는 뜻이다. 이런 서술 방식은 흔히 서사적 글쓰기가 갖추어야 할 요소인 "누가, 언제, 어디서, 무엇을, 어떻게, 왜"라는 6하 원칙의 축소형 같지만, 서사시가 갖추어야 할 핵심 요소다.

서사시가 역사적 기록과 다른 점은 "사건의 한 가운데"라는 특정 사건이나, 특정 인물을 부분적으로 드러내면서도 역사를 전체적으로 조망할 수 있으며, 여기에 시적 정조를 입힌 서정성이 가미되어 있다는 점이다. 이런 서사시는 역사라는 사실 관계의 맥락을 따라가면서도, 한 편으로는 시적 화자의 역사관이 시적 정서로 드러나기도 하는 점을 특징으로 한다.

  남촌 시인이 추구하는 서사시에도 이런 특징들이 잘 드러난다.

    1. 깃발을 올리다

    지평선 평야가 수런거린다
    고부 평야에 오는 태풍보다 쎈 놈
    군수에 조병갑, 세 번째다
    많은 먹을거리, 탐식가
    조정 실세 끄나풀이 온다
    고부 평야가 부르르 떤다
    환장할 놈 이번에는 또
    무슨 일을 저지를 지 속을 앓는다

    만석보

    있는 보 밑에 또 만든 보
    부역까지 시키더니 쓰지도 않은 물세까지 내라고
    에라 이 죽일 놈

      조병갑 이놈을 어찌 혀야 쓰까~잉!
      이참에 조병갑을 잡아 족쳐야 혀
      동학의 세상으로 바꿔야 혀

조정은 왜놈들이 판쳐
관리들은 왜놈들에게 붙어 제 잇속 챙기기 바쁘고
왜놈들 몰아내고 매국노들 쫓아내고
새 세상을 만들어야 혀
이 참에 아예 양반 상놈, 남자 여자,
관리 백성이 차별 없는 세상을 만들어야 혀
인내천人乃天 깃발을 이 조선 땅에 올리는 거여

송두호 집에 모여 개벽의 깃발을 올리려는 뜻

— 류성후 「동학농민혁명」 부분

 이 작품은 남촌 시인이 '동학농민전쟁'을 제재로 구성한 서사시의 첫 부분이다. 이 작품은 〈1.깃발을 올리다 2.깃발이 달리다 3.깃발이 찢기다 4.깃발을 다시 올리다〉 등 4개 부문으로 나눠 긴 호흡으로 진술한다. 동학농민전쟁의 발발, 동학농민전쟁의 전개, 동학농민전쟁의 좌초, 동학농민전쟁이 민족의 역사유산으로 승화되어, 〈유네스코 세계기록유산〉에 185점이 등재된 사실을 전하고 있다. 역사의 부침 속에 묻혀 있던 우리 민중의 거센 저항의 기운을 담아내면서. 한편으로는 역사의 사실을 전하기도 하고, 다른 한편으로는 시적 자아의 비분강개悲憤慷慨할 수밖에 없는 정서를 고스란히 담아내려는 진술의 흔적이 역력하다. 앞에서 언급했던 서사시의 특징이 유감없이 발휘된다.

이 작품을 보다 깊이 읽자면 다음 사항들에 대하여 유의하는 것이 작품의 위의에 값하는 길이 될 것이다. 첫째는 동학농민전쟁이라는 역사적 소재를 바라보는 관점이다. 흔히 말하기를 역사란 기록하는 자의 선택적 진술일 뿐이라고도 한다. 역사적 사실이 하나뿐이라는 관점은 매우 편협하다. 누가, 어디를, 무엇으로 보느냐에 따라서 역사는 얼마든지 사실이 여러 개라는 점을 인정해야 한다.

예를 들자면 일제강점기에 당한 우리의 역사적 치욕과 폐해에 대하여, 한국인이라면 모두가 울분을 머금으며 손상 입은 민족적 자존과 사회 발전에 입은 상처를 아파한다. 그러나 일부 역사학자(?)들은 오히려 '일제강점기 은혜론'을 펴기도 하지 않는가? 일제가 우리나라를 강점함으로써 우리나라가 근대화되는 데 혜택을 입었다는 논리다. 참으로 어처구니없는 견강부회牽强附會이지만, 그를 지지하는 세력도 만만치 않다는 것은 현실이 아닌가.

동학농민전쟁도 마찬가지다. 탐관오리의 횡포에 저항하는 농민들의 봉기를 무지렁이들의 무모한 도전으로 보는가 하면, 보국안민의 기치를 내걸고 외세에 저항하여 맞선 농민들의 전쟁을 국제정세에 어두운 무지의 소치라고 폄하貶下하기도 한다. 그뿐만이 아니다. 당대에 조정에서는 조국의 사직社稷을 지키겠다고 나선 백성들을 외세를 끌어들여 도륙을 내고 말지 않았던가!

앞에서도 밝힌 것처럼 서사시는 "사건의 한 가운데"를 진술해내는 것이 아니던가. 남촌 시인은 이런 서사 맥락의 핵

심을 작품에 그대로 적용한다. 동학농민전쟁이라는 우리 민중의 자발적인 저항의 역사가 시적 정조를 입은 채 진술되어 있다. 동학농민전쟁의 한 가운데를 짚어내기도 하고, 농민들의 한을 함께 토로하기도 하면서 우리는 시적 자아와 함께 역사의 한 가운데를 걸어가는 느낌을 받는다. 그러는 가운데 시적 화자의 목소리를 따라 시대와 역사의 불운을 개탄하면서, 도도한 역사의 강물을 거슬러 올라가는 실감을 지닌다. 이 역시 서사시가 가진 힘이다.

이밖에도 이 시집의 제6부에는 몇 편의 서사시들을 묶어놓고 있다. 〈임진왜란-7년전쟁〉이 어떻게 이 땅을 할퀴고 갔으며, 이에 대한 우리 민중은 어떻게 저항했는가, 역사[사]건의 한 가운데를 잘라내서 그려내고 있다. 역사의 단면은 지층의 단면이 보여주는 그것처럼 한 사건만으로도 사건[역사] 전체의 흐름을 추적하기에 부족하지 않다.

　　①왜군이 좋아하기는 여기까지
　　임금이 도망갔다 하여 백성이 도망간 건 아니다
　　선비의 나라 조선, 의병을 모아
　　곳곳에서 왜군을 무찌르고 진투를 벌인다
　　5월 말 경 전라도 담양에서 고경명은 의병을 일으켜
　한양으로 가는 중
　　6월 23일 여산을 지나다가 왜군의 금산 침공 소식에

　　　약무호남 시무국가

호남이 없으면 나라도 없다는 이순신 장군의 말을 외치며
전주성으로 들어오는 왜군을 무찌르려
7월 2일 진산으로 이동 7월 9일 금산성에서 눈벌전투를 벌인다

— 류성후「임진왜란 웅치 · 이치 전투」부분

②전라도를 공략한 후 한양으로 올라가려는
왜군 14만 1천여 명
그 중 좌군 5만 7천 명
1597년 8월 10일
하동 출발하여 남원으로 몰려온다
쓰나미처럼 덮쳐 오는 5만 7천 정예군
남원 수비군 1만 명
조선군 1천 명, 명군 3천명 민간인 6천명
다가오는 결전의 날

— 류성후「만인의총」부분

③(아니리) 이제 남원 충신에 대해 말해 보세
운암 전투의 양대박 의병장, 진주성 싸움의 황진 장군, 유격 활동 및 난중잡록을 기록한 조경남 의병장, 정유재란 때의 남원 군민들 목숨 내놓고 싸웠느니라

어디 한 번 들어보자 (어이)

- 〈중략〉 -

(아니리) 임진왜란, 정유재란 아픈 역사 겪었어도 세월 지나면 또 잊어버려

다시 편 가르기 세력 다툼하니 나라는 분열되고 마는구나

능력 없는 고종 황제, 서양 열국, 왜국, 청국의 소용돌이 속에 휘말려

왜놈한테 나라를 빼앗겨 버렸구나

오호, 어이 할꼬 어허, 애재라

― 류성후「남원을 소리하다 - 판소리로 엮은 춘향골 남원」부분
― 작품 앞의 ①②③ 기호는 필자가 논의의 편의를 위해 붙임

남촌 작가가 관심을 가지고 있는 역사 인식의 지평을 펼쳐보는 듯하다. "역사적 치욕을 잊은 민족은 역사적 치욕을 되풀이해서 당한다"는 것은 역사학의 진리다. 남촌이 이렇게 우리 역사의 흔적을 누비고 다니는 것 역시 다시는 이 땅에 부끄러운 역사가 되풀이 되어서는 안 되겠다는 발심이 곳곳에 묻어난다.

①은 충무공 이순신 장군께서 언급하신 '약무호남 시무국

가若無湖南 是無國家'의 실상을 그대로 보여주는 사건이다. 만약 호남이 없다면, 조선이라는 나라도 있을 수 없다. 풍전등화風前燈火와도 같은 위태로운 지경에도 호남의 민중들은 왜구들과 맞서 싸웠음을 전하고 있다.

임금이라는 자가 사직과 백성을 버리고 도망가 버린 형편에서 민초들이 자발적으로 나라를 구하겠다고 나서는 의거는 아무리 상찬해도 부족할 듯하다. 평소에는 나라와 백성의 주인으로 행세하다가 나라가 위급한 지경에 이르니 백성은 살든 죽든 팽개치고 저만 살겠다고 뺑소니를 치는 지도자들! 이들은 예나 지금, 언제 어디서나 있기 마련이다. 이 작품이 그것을 다시 반추하는 것은 그런 부끄러운 역사를 되풀이해서는 안 되겠다는 발심이 아니겠는가! 역사적 기록은 역사책에 남아 있다. 그러나 그것을 대하는 민중의 정서는 이런 시의 리듬감과 정조를 통해서 비로소 추체험되어 생생한 역사의 교훈으로 육화될 것이다.

②는 남원 〈만인의총萬人義塚〉을 소재로 한 작품이다. '만인'은 萬人-1만 사람이고, '義'는 의롭다는 뜻이며, '塚'은 무덤이라는 뜻이다. 그러니까 수적 열세에도 불구하고 우리 민초들은 끝까지 항전하며 왜구에 맞서다가, 수많은 백성들이 옥쇄한 처절한 피의 현장이라는 뜻이다. 그 치열했을 투쟁을 상상만 해도 의기가 솟구치는 역사의 현장이다.

지금은 아무렇지도 않게 선인들이 묻힌 '의로운 무덤'을 관광지로 여기며 나들이하고 있지만, 엄청난 수적 열세와 잘 훈련된 왜구 정규군을 맞아서, 물러서지 않고 항전한 선인들의 기개를 생각하면 저절로 옷깃이 여며진다. 그렇게 막중한 의미를 지닌 역사의 현장일지라도 사실적 기록과 함께, 서사적 맥락으로 시적 정서를 입혀서 다시 볼 때, 더욱 생생한 역사의 의미를 되새기게 된다. 이런 서사시를 읽으며 '사건[역사]의 한 가운데'에 자신이 들어가는 느낌을 받는 것 또한 서사시가 지닌 힘이 아닐 수 없다.

③은 〈임진왜란-7년전쟁〉을 판소리로 구성한 작품이다. 알다시피 남원은 우리나라 판소리 고장이다. 판소리는 우리 전통음악의 원형이요, 민중의 애환哀歡이 녹아들어 있는 한의 소리다. 오죽하면 "벌교에서 가서 주먹자랑하지 말고, 남원에 가서 소리자랑하지 말라"는 속언까지 생겼겠는가? 여기에서 오해하면 안 될 대목이 있다. 벌교에 깡패가 많아서 주먹자랑하지 말라고 한 게 아니라, 양반 출신 '안규홍'이라는 의병장 때문이라고 한다. 이분은 맨주먹으로 일본 순사를 때려죽일 만큼 담대하였는데, 일본군뿐만 아니라, 친일파, 악덕관리를 처벌하는데 앞장서다가, 일본군 토벌대에 체포되어 1910년에 순국하였다고 한다. 이런 의기가 살아 있는 곳이니, 어찌 벌교에 가서 주먹자랑을 할 수 있겠는가?

남원이 판소리의 고장이 된 것은 고전 소설 〈춘향전〉 때문이다. '춘향'은 소설의 가상 인물이지만 남원 사람들은 실존인물로 여기려 한다. 그래서 남원에서는 춘향가墓도 만들고, 춘향 사당도 건립하는 등 소설 춘향전을 실재하는 역사로 스토리텔링 하여 생생한 인물처럼 여기며 사랑한다.

이런 내력 때문에 '판소리 다섯 마당' 중에서 '춘향가'가 대중들에게 가장 사랑을 많이 받는 작품이 되었을 것이다. 문학적 허구와 예술적 상상력이 조화를 이루면 이처럼 민중들에게 엄청난 삶의 에너지가 될 수 있다. 문학의 힘이 아닐 수 없다.

소설 〈춘향전〉을 바탕으로 만든 판소리 〈춘향가〉가 우리 민족이 가장 사랑하는 소리가 되었듯이, 문학은 끊임없이 다른 예술 장르에 원 소재를 제공한다. 남촌의 서사시「남원을 소리하다 -판소리로 엮은 춘향골 남원」역시 좋은 판소리 작창자를 만나면 새로운 판소리로 거듭날 가능성이 충분한 작품이 될 것이다.

여기에는 임진왜란을 온몸으로 겪은 민초들의 아픔과 남원 골에 산재한 신화와 전설, 그리고 각종 유적지가 망라되어 판소리 내용을 풍성하게 꾸릴 만한 소재들이 담겨 있다. 남원이 판소리 골[村]일뿐만 아니라, 임진왜란의 격전지로서, 민중들이 대거 참여하여 민족정신을 빛낸 역사의 현장성만 담아내도 풍성한 소리판을 이룰 것이다. 남촌 시인의 서사시들을 꼼꼼하게 읽다보면, 사건[역사]와 민중의 소망, 그리고 예술적 상상력을 통합하여 새 지평을 여는 것을 사명으로 여기며 즐기는 듯하다. 남촌의 서사시가 그런 작업의 증거가 될 만하다.

이런 창작 의지 역시 기존의 사물을 새롭게 응시하려는 시정신의 발로이며, 맨언어로만 시를 쓰는 것이 아니라, 발로 품을 팔아, 온 몸으로 시를 살려는 투철한 창작 의지의 결

실로 보인다. 나아가 그가 지켜나가려는 시정신 '새로움의 새로움'은 왜 시인은 시를 쓰고, 왜 독자는 시를 읽는가에 대한 응답을 찾으려는 노력의 일환이다. 그런 노력들이 자아를 성찰하는 새로움의 기록으로 남게 되고, 나아가 더불어 살아가는 세상 그림으로 그려지는 듯하다. 남촌의 창작에 임하는 치열함은 긴 호흡으로 들추어낸 역사의 기록, 즉 서사시에서 또 한 번 변용의 몸부림을 위한 여지를 마련해 두고 있는 것으로 보인다.

그가 간직한 투철한 시정신이 세상의 어둠을 비추고, 사람의 그늘을 지워나갈 수 있는 '새로움의 새로움'으로 어디까지 나아가는지, 지켜보는 것도 시를 살아가는 또 하나의 길이 될 것으로 믿는다.

류성후 시집 3

숲을 읏다

인쇄 2024년 4월 22일
발행 2023년 4월 25일

지은이 류성후
발행인 서정환
펴낸곳 인간과문학사
주소 서울시 종로구 삼일대로 30길 21 종로오피스텔 809호
전화 (02) 3675-3885 (063) 275-4000
팩스 (063) 274-3131
이메일 sina321@hanmail.net
출판등록 제300-2013-10호
인쇄·제본 신아출판사

저작권자 ⓒ 2024, 류성후
이 책의 저작권은 저자에게 있습니다. 서면에 의한 저자의 허락없이 내용의 일부를 인용하거나 발췌하는 것을 금합니다.
COPYRIGHT ⓒ 2024, by Ryoo sunghoo
All right reserved including the rights of reproduction in whole or in part in any form.
저자와 협의, 인지는 생략합니다.
잘못된 책은 바꿔 드립니다.

ISBN 979-11-6084-233-3 03810
값 10,000원

Printed in KOREA